圆明园

张超·著

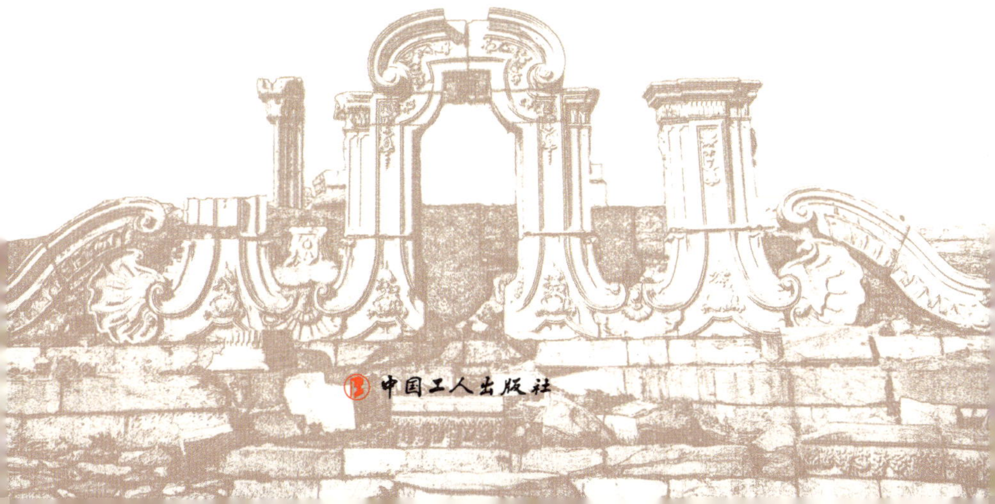

中国工人出版社

序 言

圆明园自清代康熙四十六年（1707）始建至今已有312年，自1860年惨遭英法联军野蛮洗劫和纵火焚毁已有159年。圆明园遗址经多年整修后于1988年作为遗址公园对社会开放也已有31个年头了。尽管盛时圆明园在原址物理空间上的人文遗存少之又少，但它颇为丰富的档案文献资料、流散于全球各地的众多圆明园文物、为数不少的学术研究成果，以及影响广泛的新闻媒体报道和影视剧作品、数以亿计的参观旅游人次，乃至微博和微信等现代新媒体传播渠道，都是人们了解圆明园的方式和途径。

然而，历史是复杂的，圆明园也是多面的，了解方式的多元并不直接意味着信息的有效传达。不容否认的是，人们对圆明园的认识大多依然停留在偏表面化、碎片化、符号化和感性化的阶段，因此出现了理解上的盲点和误区，甚至存在一些以讹传讹的误解和曲解。尽管一般民众没有责任和必要来系统、全面、深入地把握圆明园，但是鉴于圆明园可贵的多元价值，如何让民众对圆明园能够有一个相对正确和理性的认知，仍然显得亟须和迫切。尤其是在我们大力提倡文化自信的当下，如果像圆明园这样历史底蕴丰富厚重、爱国主义教育功能鲜明突出、生态文明借鉴价值显而易见的重要文化遗产不能得到有效的诠释和科学的认知的话，是很令人遗憾和困惑的。基于此，本书旨在围绕圆明园的变迁脉络及其丰富内涵，进一步从历史的视角梳理其发展演变，从立体的维度把握其不同剖面，以便有助于人们在较为全面和丰满的历史背景基础上再发现、再认识、再考量我们一知半解或是貌似耳熟能详的圆明园。当然，因知识积累有限，我也清醒地意识到这是一件难度比较大的事，只能尽力而为：一方面是虽不能至，但心向往之；另一方面也算聊胜于无，勉力为之吧。

本书主体内容由六章构成：

第一章主要从圆明园兴建的历史人文背景及地理地貌条件入手来展示圆明园的出现是天时、地利、人和诸方面综合作用的成果，既是蕴含清代规划、建设、园艺等方面能工巧匠们勤劳和智慧的精心之作，也是集几千年中国古典园林艺术之大成的登峰造极之作，圆明园也因此取得极为高超精湛的艺术成就，并且具备独到的园林特点。

第二章主要从圆明园100余处园林景观中选取典型性的31处作重点介绍，考虑到相对合理性的分类，将其分为具备政务区和生活区功能的前朝后寝区域，物理空间上遍及全园的中式园林景观游赏区和极具异国风情的西式园林景区。

第三章主要从文化的视角考察圆明园，是为了阐述圆明园不仅是中国园林艺术的美丽结晶，而且是中国传统文化一部百科全书式的立体画卷。圆明园文化内涵博大精深，书中着重从园林文化、宗教文化，以及图书文献和器物文明的角度进行展开。

第四章主要从政治文化和政治功能的视角解读圆明园，除了讨论清代君臣治国理政的政治理念、圆明园格局完备的政务空间和政务设施、清代皇帝常规性的政务活动，还结合发生在圆明园的较有代表性的几个重大历史事件，尝试还原某些历史瞬间，以便管中窥豹，从局部反映清代的政治生态。此外，还从清代统治者与藩属国及民族部落的联谊活动、清帝国与英国外交博弈的角度论述了圆明园“万国来朝”的功能。

第五章主要从皇家园居生活的视角来审视圆明园，聚焦圆明园这一大型皇家宫苑“家”的属性，并围绕皇帝、后宫女眷、皇子等特定人群的园居生活概况予以解读分析，最后重点依托御园四季节令活动、皇家庆寿活动、戏曲娱乐活动，展示了清代宫廷人文生态和中国古代民俗文化的某些片段。

第六章主要从英法联军侵华的第二次鸦片战争开始叙述，延伸至侵略者占领、抢劫、纵火焚毁圆明园的全过程，旨在说明英法联军侵略中华民族、破坏人类文明的罪恶行为，凸显英法联军的野蛮暴行是对圆明园这颗东方文化艺术明珠致命性的、毁灭性的、根本性的破坏。此外还涉及1860年之后，在侵略者毁坏带来“破窗效应”的作用下，圆明园陆续受到的一些零散破坏。最后落脚在民族振兴带来圆明园新生，圆明园新生见证中华民族伟大复兴。

作为圆明园工作曾经的具体参与者、圆明园文化研究的兴趣爱好者和圆明园事业不断发展的多年观察者，我心中一直是踌躇满志的。现阶段的圆明园，发展形势可谓前所未有，不仅遗产保护成效卓著、园林景观越来越美、生态文明价值日益凸显、爱国主义教育功能长期备受瞩目、旅游活动有声有色、学术研究持续深入、文化传播方兴未艾，而且更让人欣喜的是国家对文化自信的宣示和对传统文化的重视。北京市海淀区对以圆明园为代表的“三山五园”在既有工作基础上，也在进行面向中长期的科学谋划和精心规划，在北京城市新总规和海淀区分区规划中“三山五园”都占有浓墨重彩的篇幅。我们完全有充分理由相信，圆明园的明天会更好。

圆明园是距离我们最近的300多年中国历史的缩影和见证，她本身就是一部中国近现代历史的珍贵教科书，是打开中国近现代历史的一把钥匙，每一个热爱祖国历史文化的人、每一个对中华文化充满自信的人、每一个注重从历史中汲取走向未来智慧的人，都有必要走近历史深处的圆明园，了解更为全面、立体的圆明园，唯此才能知耻而后勇，才能对我们的历史充满豪情。与每一个关注圆明园的人共勉。

张超

2019年4月20日

目录

目录

圆明园是在历代皇家园林文化积淀基础上建立的，既有着汉唐的宏大气概，又有着宋明的精微雕饰。圆明园也是在康乾盛世的政治、经济和社会文化背景下发展的……

第一章　圆明兴建

▲ “三山五园”图（清人绘）

一、历史背景

（一）皇家园林传统

皇帝是封建社会的最高统治者，拥有至高无上的权力，在生活上往往极其奢侈。从历史来看，古代帝王多数不满足皇宫中正规、拘谨的生活，常常在京城中和附近的山水之地上建造园林，这种主要为皇帝及其家族服务的园林一般被称为皇家园林，古籍上亦称为苑囿。这是因为早期的皇家园林，主要是放养动物，以供帝王打猎娱乐，以后才逐步发展成处理政务、生活起居及游玩休憩相结合的园林。

皇家园林为中国的园林体系之一，是专为皇家修建，供皇室观赏、娱乐、宴宾、游猎的场所。中国皇家园林历史悠久，迄今已有三千多年的历史，起自公元前十一世纪周文王建造的“灵囿”，止于清代的颐和园，其间各朝代均有建置，至清代达到极盛。皇家园林令人赏心悦目的游憩环境，既满足了帝王的生活享受，也在一定程度上反映了当时的经济、技术和工艺水平。

（二）游牧民族习俗

清王朝定都北京之初，来自山海关外的满洲统治者因为游牧民族的特征和习俗，很不习惯于北京的炎夏气候，曾有择地另建避暑宫城的拟议。《东华录》记载：“（顺治七年）七月乙卯，摄政王（多尔衮）谕，京城建都年久，地污水碱，春秋冬三季犹可居止，至于夏月，溽暑难堪。但念京城乃历代都会地，营建匪易，不可迁移。稽之辽金元曾于边外上都等城为夏日避暑之地，予思若效前代建山城一座，以便往来避暑。”多尔衮并谕令户部加派九省地丁银 249 万两，“输京师备工用”。[1] 是年，多尔衮病死，筑城避暑的计划被搁置起来。同时由于开国之初，百废待兴，这种愿望一时也难以实现。

（三）宫禁生活单调

紫禁城尽管高贵华丽，但出于礼制的需要，毕竟布局平直、

[1] 见《清史稿》卷二一八，《多尔衮传》。

设计严谨。特别是皇帝和后妃又非比常人可以随意外出活动。康熙初年，大内遭火灾，重修后的紫禁城，形成了许多封闭的院落，很不适宜居住。结构谨严的殿阁，没有林园风景之美，宫中人日久生厌，故有“红墙绿瓦黑阴沟”之叹。慈禧就不喜欢大内生活，她说：“这里除了庞大的建筑物以外什么也没有，空得只有房子里的回声。虽然有个御花园，但是没有花，也没有温和的微风。这地方冷冰冰的，没有热情。”[1]学者姜鸣形容得更加贴切：“紫禁城的建筑太单调呆板乏味，浸透着封建礼教和等级制度的威严。初来乍到的人，会被它巍峨连绵的殿宇群落所震慑：悠悠蓝天之下，黄瓦红墙、白石基座，额枋上青绿和金色基调的彩绘，与老北京城灰黑低矮的建筑群落产生强烈的反差对比。看多了，却无非是十五个庑殿式、八十多个歇山式、十来个攒尖式和一二百个硬山式屋顶的组合，几十个大大小小连环相套的封闭四合院单调地重叠，在七十二万平方米的面积上平平地展开，像个毫无生气的庞然大物，呆呆地趴伏在大地上，以至于天子们也大感腻味。为了日常起居时调剂生活，另在紫禁城西侧挖湖堆山，建造了碧波潋滟、白塔高耸的三海景区，还在西郊乃至承德盖起离宫别院，以打发消闲的大好时光。”[2]

可见，兴修园林，调剂情趣已成为清帝的一种生活必需。康

[1] 德龄：《皇室烟云》，江苏教育出版社 2006 年版，第 126 页。
[2] 姜鸣：《天公不语对枯棋》，三联书店 2006 年版，第 108 页。

熙早就打算选择一处清静空旷的环境，另建“避喧听政”并能长期居住的地方，但因军马倥偬、财政拮据，不可能拿出大笔钱财来从事营建。待到康熙中叶，全国统一，出现了较为安定的局面，经济有所发展，国家财力也比较充裕，修建园林的条件才逐渐具备。于是，康熙在北京西北郊修建了第一座大型皇家园林——畅春园。

（四）京西园林渊源

北京西北郊向为历代帝王显贵缔构行宫苑园的绝佳场所。早在辽金时代，这里已遍布道观、寺院，建起了玉泉山行宫和香山佛寺。元代，海淀低地上的原始湖泊以风景佳丽而成为京城近郊的游览胜地，让文人流连忘返，命名“丹棱沜”，逐渐成为有闲阶级的游赏之地。到了明代，这里吸引了更多的游人，一些达官贵人逐渐占据田园，营造别墅。万历年间，武清侯李伟首建“清华园”（故址在今北京大学西墙外），规模宏伟，号称“京国第一名园”。曾官居太仆少卿的著名书法家米万钟后又于清华园东墙之外，导引湖水，辟治一处幽雅秀丽的小园林，取“海淀一勺”之意，名曰“勺园”（故址在今北京大学校园西南隅）。于是，亭台楼榭与湖光山色交相掩映，北京西北郊方兴未艾，开始成为举世闻名的园林荟萃之区。

二、兴建条件

（一）地貌基础

造园必须要有一个理想的山水地貌基础作为骨架，选址是园林营建的第一步。“相地合宜，构园得体”，因此要“立基先究源头，疏源之去由，察水之来历”。北京“左环沧海，右拥太行，南襟河济，北枕居庸”，有着壮丽雄胜的地势。京西海淀更有着独特的自然地理条件，这里崇峦叠嶂，而且有香山、玉泉山、万寿山逶迤布列，从西往东三个山的高度逐渐递减，万寿山再往东则一马平川，地势低下，间有潜水溢出地表，形成湖泊，西山蜿蜒西北，宛若天然屏障，绿水青山，景色宜人，优美的风景富于江南情调。玉泉山、万泉河两水系又提供着丰富的水源，这个酷似江南风光的风水宝地，具备营造园林的优越条件。正如著名园林学家陈从周所言：“北京的西郊，西山蜿蜒若屏，清泉汇为湖沼，最宜建园。”

（二）经济条件

圆明园崛起之时，正值清代经济繁荣时期，被誉为“康乾盛世”。社会安定，经济稳定发展，国家逐步富足强盛，具备了充裕的建设资金。“以鼎盛时期的乾隆中期为例，国库存银常年保持在六七千万两之间，最多达八千万两”，经济积累雄厚，遂开始有针对性地免除钱粮，乾隆朝先后四次普免全国钱粮，约达一亿二千万两[1]。康乾年间，清代综合国力显示着泱泱大国之姿。当时中国的经济总量，在世界总份额中占到了将近三分之一。据麦迪森《世界经济二百年回顾》中的统计数字，嘉庆二十五年（1820）中国的 GDP 为 199212（百万美元），是当时西方最发达国家英国 GDP 34829 的 5.72 倍，居世界之首。

作为盛世君主，乾隆认为：“泉货本流通之物，财散民聚……与其聚之于上，毋宁散之于下。”[2]正由于有雄厚的财力作保障，乾隆才得以大肆兴建园林工程，并不惜工本，不吝耗费，务求质量精益求精，坚实美观。圆明园是强大经济实力在文化艺术上的体现。嘉庆之后，圆明园建设的相对收缩与衰退，某种程度上也是综合国力下降的反映。

（三）文化因素

康乾时期，清代文化在众多领域中创造了光辉灿烂的成果，充实了我国的思想宝库。诗词、散文、小说、戏曲等都取得了重

[1] 李治亭：《清康乾盛世》，江苏教育出版社 2005 年版，序言。

[2] 见《清高宗实录》卷一一四一。

要成就，在研究古代典籍方面更是达到了繁荣的高峰，尤其在考据学上大家辈出，成绩斐然。清代在瓷器、书法、绘画等艺术领域也获得了较大的发展。清朝统治者汇集众多专家、学者编修了《康熙字典》《古今图书集成》《四库全书》等大型文化典籍，成为中国宝贵的文化遗产。康熙、雍正时期成书的《古今图书集成》，10000卷，5000册。乾隆时期编订的《四库全书》，3457部，79070卷，是中国传统文化的文献总汇，反映了当时的文化兴盛局面。繁荣的清代文化以及中国几千年丰富的思想文化资源，为圆明园的兴建提供了取之不尽、用之不竭的设计和创意源泉。

（四）技艺成熟

我国古典园林的长期实践积累了丰富的经验，至明清时期，营造艺术已经十分成熟。明代造园家计成的《园冶》将历代园林创作实践予以深入总结，并上升为系统的造园理论，为后世的园林建造提供了理论框架以及可供模仿的范本。清代的造园艺术水平更是达到炉火纯青的水准，当时的园林建筑使用统一的工料定额和工程做法，所变化的只是外形和环境。清廷设工部营缮司和内务府营造司专管建筑工程，颁行了《工程做法》《圆明园内工则例》等专业技术条例，总结了一套设计、施工、布局、装饰的系统经验。一批优秀的造园艺术家和五行八作的能工巧匠，以精湛的建筑技艺供职内廷，如历代相传的“样式雷”世家就长期参与并主持皇家园林的设计建设。

由于国库较为充盈，在建筑营造商业化的社会条件下，乾隆也考虑到利用国库存银兴土木，办木料，发工钱，使之回流社会，增加流通的必要性，这类似于政府通过加大基础建设投入来拉动经济发展。[1] 这样，皇家工程不再由宫廷内务府的匠人全部承揽，而是改由样式房设计，算房做出经费预算，户部或内务府出资向社会招商，如此也有利于在全国范围内汇集最优秀的设计和建设人才。

（五）西方因素

18 世纪，中西文化互动较为频繁。圆明园的如意馆，长年供养着一批耶稣会宫廷画师。这些来自法国、意大利等不同西方国家的传教士，景仰中华文化，自身又是具有专业特长的文化技术人才。其中郎世宁、王致诚、艾启蒙等人负责设计督造西洋楼欧式园林，蒋友仁负责设计督造水法喷泉，汤执中负责主持绿化。

---

[1] 春秋时代的管子就认为，土木之兴，可以造成财富的流动，贫困的百姓才有衣食之源，必要的土木工程能够给老百姓带来福祉。他说：“百姓无宝，以利为首，一上一下，唯利所处。利然后能通，通然后成国……美垄墓所以文明也，巨棺椁所以起木工也。”

欧洲建筑与造园艺术被引入中国皇家园林。除西洋楼景区外，圆明园各处殿堂陈设的西式钟表、天文地理仪器、铜版画，以及西式地毯等，也都很有代表性。中西文化在音乐、绘画、印刷、建筑、园艺、天文地理、机械钟表等领域的交流成果，都在盛时圆明园有所体现。遗憾的是，出于多种因素，这种积极的交流互动终究没能得到长久保持和健康发展，乾隆以后，中西外交博弈和利益冲突逐渐占据上风。

（六）清帝作用

“为实现园居理政的愿望，清帝以空前的规模在北京西北郊开展皇家园林建设，由此出现了中国皇家园林建造的最高峰，产生了一座座极具影响的园林杰作。这是历史发展的升华与综合，是中国古代造园艺术的最高成就。”[1]圆明园是在历代皇家园林文化积淀基础上建立的，既有着汉唐的宏大气概，又有着宋明的精微雕饰。圆明园也是在康乾盛世的政治、经济和社会文化背景下发展的，清帝用皇权力量聚敛天下财富，动用国库资金，征调能工巧匠，组织大量民众，进行设计施工，开展花木培植，充实装饰陈设，完成了万园之园的兴筑建设。

[1] 王铎：《中国古代苑园与文化》，湖北教育出版社 2003 年版，第 162 页。

清代皇家造园高潮，恰逢康乾盛世。康雍乾三帝，多才多艺，热爱园林而又颇富见解，对当时皇家园林的建设起着决定性的作用。正如《养吉斋丛录》记载：“宇内山林，无此奇丽，宇内亭园，无此宏旷。先后布置，皆由圣心指点而成。”以乾隆为例，他是一位文化素养很高，又喜爱游山玩水的风流帝王，还是个园林迷。他虽是满族人，但具有相当高的传统文化修养和艺术鉴赏力。他能写诗、填词、作文、绘画，书法也有相当高的水平。古典文艺方面的修养对园林创作而言，非常必要。作为盛世君王，乾隆自谓“园林之乐，不能忘怀”，凡重要的园林建设，他都亲自过问，对某些规划设计，甚至直接参与其中。他对造园艺术颇有造诣，甚至有不少很有价值的见解和独到的思想。如他认为园林中的最高境界是“物有天然之趣，人忘城市之怀”。在谈到“借鉴”时，乾隆很精辟地概括说：“略仿其意，就天然之势，不舍己之所长。”这种“仿”就是不求形似，要表现出对象的本质特征和内在精神。言下之意，“借鉴”是一种艺术的再创造，但前提是必须在造园的客观条件基础上进行。再如，雍正曾提出“水长则补山，无水尽凿池”的山水兼顾的造园思想；乾隆在此基础上，又提出“水盈未必精巧，全在妙思经理”的理水标准，使水体根据不同需要呈现出千姿百态的意境。

▶乾隆绘岁寒三友图

（七）畅春勃兴

清初，西北郊的清华园与勺园都已荒废。顺治时，北京有明代留下的南苑、三海、景山等园林。由于形势局限，只是将这些园林略加修整，将就使用。康熙时，开始着手寺庙和园林建设。先是建成南苑行宫，后又在香山和玉泉山建立行宫，并就清华园故址建设“畅春园”。畅春园建成于康熙二十九年（1690），位于今北京大学西门外，面积约 60 公顷，布局分中、东、西三路，有景点数十处。畅春园建成后，康熙将其作为避喧听政之所，每年大部分时间居住于此，逐渐形成园居理政的惯例。

自是而后，历经康熙、雍正、乾隆三代，相继经营，海淀附近，名园并起，形成了著名的“三山五园”[1]，即畅春园、圆明园、万寿山清漪园（颐和园前身）、玉泉山静明园和香山静宜园。历代清帝长期在此园居理政，文武大臣为上朝方便，纷纷在京西修建或租赁宅院。于是，“凡二十余里，举目园林，飞阁流檐。玉泉之水一泓东下。望西山青葱之气，绵连隐于烟云树梢之间”[2]。

[1] 在清朝鼎盛时期，北京西北近郊一带皇家园林荟萃，素有“三山五园”之称。一般说法：三山指香山、玉泉山、万寿山，五园指静宜园、静明园、清漪园、畅春园、圆明园。还有一说：三山指香山、玉泉山、万寿山，五园是指圆明园、长春园、绮春园、春熙院、熙春园。

[2] 陈文波《圆明园残毁考》，转引自中国圆明园学会主编：《圆明园 1》，中国建筑工业出版社 2007 年版。

▲ 畅春园早期遗址

加之阡陌的水田，乡野的村景和宛若江南的环境，最终成就了这一带楼馆相叠，绿树掩映，金碧相望的浩瀚景色，绘制出一幅绚美壮丽的园林图画，真正成为园林荟萃之地。三山五园西以香山静宜园为中心形成小西山东麓的风景区，东面为平原内的圆明、畅春等人工山水园林，两者之间是玉泉山静明园和万寿山清漪园。静宜园的宫廷区、玉泉山的主峰和清漪园的宫廷区三者之间构成一条东西向的中轴线，再往东延伸交会于圆明园与畅春园之间的南北轴线的中心点。这个轴线系统把三山五园之间 20 平方公里的园林环境串联成一个有机整体。各园之间互为借景，彼此成景，和谐统一。圆明园是这众多园林中最为出类拔萃的一座。

三、六代积淀

（一）康熙时期

圆明园最初是康熙赐给皇四子胤禛（即后来的雍正皇帝）的一座花园，位于畅春园北面不远处。其兴建可追溯到康熙四十六年（1707），即康熙第一次临幸之时。彼时该园已初具规模，“因高就深，傍山依水。相度地宜，构结亭榭，取天然之趣，省工役之烦。槛花堤树，不灌溉而滋荣，巢鸟池鱼，乐飞潜而自集”，是一座小型的水景园，以略近方形的后湖为中心。具体范围大致是前湖、后湖及其周围地段，面积约五六百亩。园门设在南面，与前湖、后湖恰好在一条贯穿南北的中轴线上，呈较规整的布局。当时，园内主要是以葡萄院、竹子院、鱼池、菜圃等命名的比较自然化的景观，一定程度上具有文人隐士园的风格。十余年间，胤禛 12 次恭请父皇康熙来园游赏、进宴，并获康熙御赐园额“圆明园”。

（二）雍正时期

雍正即位后，圆明园升格为皇家御园，并由此进入大规模的兴工扩建阶段。雍正按照畅春园理政与园居功能并置的模式，陆续添建不同风格的景群，并向纵深扩展园林范围。将原中轴线往南延伸，在南部建成了具备上朝、理政功能的正大光明殿和勤政亲贤殿，以及内阁、六部、军机处诸值房，用以“避喧听政”，形成“外朝”部分，并与后湖四周帝后嫔妃居住的“内寝”部分共同组成了相对独立的“前朝后寝”区，俨然是皇城大内的缩影。前朝区基本按中轴线左右对称的布局，自南而北形成完整的空间序列。雍正还将圆明园的北、东、西三面往外拓展，把多泉的沼泽地改造为贯通的河渠水网，构成山环水绕、以建筑群组为中心的园林空间。后湖东侧的东湖被开拓为“福海”，形成大规模的水上游乐区。而沿北墙的狭长地带则增建成用以观稼视农、颇具乡村田园风光的游览区。至雍正末年，圆明园面积已达3000余亩，园林景观30多处，总体规模和基本格局已大体形成。

（三）乾隆时期

乾隆时，以畅春园作为皇太后居所，他自己则长期居住于圆明园。承袭父皇雍正遗留的圆明园格局，乾隆对其“岁岁营构，日日修华”，陆续进行改建和增建，但他并没有再拓展圆明园本身的地盘，而是在原来的范围内调整园林景观并进一步丰富园景。乾隆九年（1744），著名的圆明园四十景形成，并由宫廷画师唐岱、沈源绘成绢本工笔彩画《圆明园四十景图》。圆明园步入辉煌的兴盛期，其总体造园风格也由康熙、雍正时期崇尚的简洁、朴素转而为奢华和恢宏。

乾隆对苑囿的兴建具有浓厚的兴趣，为追求“山水之乐”，他在圆明园紧东邻又营建了长春园。长春园始建于乾隆十年（1745）前后，初称东园，后因乾隆少年时曾在圆明园居住过的“长春仙馆”而得名。乾隆曾说：“予有夙愿，若至乾隆六十年寿登八十五，彼时亦应归政。故邻圆明园之东，预修此园，为他日幽游之地。”言下之意，长春园是为自己归政后颐养天年所建，而实际上它是圆明园整体扩建的一部分。长春园占地约1000亩，在乾隆十六年（1751）时已基本建成中、西路主要景观。位于北隅的西洋楼景区，自乾隆十二年筹划，至乾隆二十四年也已基本完成。乾隆三十一年至三十七年（1766—1772）又陆续添建成长春园东路诸景。

乾隆三十四年（1769），乾隆又将绮春园并入圆明园。该园由几个小园林合并而成，早期原是怡亲王允祥的御赐花园，后又改赐给大学士傅恒及其次子福隆安。乾隆三十九年，圆明园、长春园、绮春园正式统归圆明园总管大臣管理，加之三园紧相毗邻，“名虽三而实则一”，其中又以圆明园规模宏大而居首位，遂统称圆明园。三园呈倒“品”字形分布，圆明园在西，长春园在东，绮春园在南。此时尽管已大体形成圆明三园的格局，但绮春园面积不过四五百亩，规模较小，乾隆对其基本未作大的修缮，也并未在此居住过。

（四）嘉庆时期

嘉庆继承父祖产业，自登基之初，便因袭园居惯例。同时，他对园林建设也怀着强烈的追求，并侧重于对绮春园的经营。嘉庆四年（1799），绮春园西部并入成亲王永瑆的西爽村花园；嘉庆十六年，绮春园西南部又并入庄敬和硕公主的含晖园。嘉庆对绮春园陆续进行调整和治理，形成不同类型的大小景点30处，既有类似圆明园四十景那样的建筑组群，又有单个园林景点。经嘉庆大规模修缮和改建、增建之后，绮春园始具千亩规模，成为清帝园居的主要园林之一。至此，圆明三园处于全盛时期，总面积达 5200 余亩（350 公顷）。

（五）道光时期

道光朝的三十年间，清帝国日薄西山、每况愈下，但道光宁撤万寿、玉泉、香山“三山”陈设，罢热河避暑与木兰“秋狝”，也没放弃过对圆明三园的改建和装饰。囿于日益严峻的内外危机，道光没有对圆明园进行大规模的园林工程，但改建项目仍间或有之，仅圆明园的修缮费用每年即达 10 余万两白银。尽管道光提倡并厉行“节俭”，但他仍斥巨资在圆明园给自己修建了宏伟的寝宫——慎德堂。道光还对绮春园东部的敷春堂一带进行改建，将之作为奉养太后、太妃的地方，道光本人则比较喜欢游赏于绮春园的北部和西部诸景。

（六）咸丰时期

咸丰时期，清帝国内忧外患，政权处于风雨飘摇之中。作为一国之君，咸丰无力应对残局，逐渐走向消极和沉沦。他虽承袭了历代园居惯例，但这座皇家宫苑却已有些难以维持。当时，咸丰驻跸圆明园即已备受享乐、渎职的道德指责，在道义上和经济上已不容许他对圆明园大举兴工，但圆明园直到咸丰十年被毁前夕还在进行一些局部修缮和零散建设。

四、园林特点

（一）规模宏大，气势磅礴

皇家特权可以把大片土地据为己有，以展现皇家气象。圆明三园占地5200多亩，外围20华里，建有围墙约20000延长米。面积广阔、规模宏大，既保持了皇家规制，也集中反映了唯我独尊的帝王思想。为追求宏大的气派，圆明园安排了一些大体量的单体建筑和变化丰富的建筑群，将主次分明的多重轴线关系带入到园林环境中，具有对称、庄严的特征，使其与一般的私家园林判然有别。整体气势恢宏，绵延数里，园林艺术挥洒自如、空间层次丰富多彩。由于地处北方，为防寒育暖，其台基、墙体、屋顶也相对厚实稳重，并在色彩上保持着皇家特有的风格，在艺术上融北方的粗犷和富丽堂皇的帝王气派于一体。

▲ 水木明瑟（圆明园四十景图）

（二）因水成景，烟水迷离

圆明园是一座大型水景园，园林造景多以水为主题，建筑多依水而筑，因水成趣。如上下天光，“垂虹驾湖，蜿蜒百尺……凌空俯瞰，一碧万顷”，颇有登岳阳楼一览洞庭湖之胜概；坦坦荡荡，“凿池为鱼乐国，池周舍下，锦鳞数千头”，酷似杭州玉泉观鱼；万方安和，房屋建于湖中，形作“卍”字，冬暖夏凉，隔水相望的戏台，借助水得以创造出奇特的观戏效果；水木明瑟，用泰西水法引水入室，转动风扇，“林瑟瑟，水泠泠，溪风群籁动，山鸟一声鸣”。海岳开襟，在湖中白玉石圆形巨台上建有三层殿宇，远望好似海市蜃楼一般。其余如多稼如云，水田瞩目；濂溪乐处，四面荷香；坐石临流，曲水流觞；西峰秀色，高山流水，莫不如此。

（三）平地造园，借景西山

圆明园是在平地上由人工创造的园林，挖湖堆山、营造建筑、种植花木，绵延数千亩，这样大规模的平地造园，在世界园林史上也属罕见。中国园林设计讲究借景，即把远景纳为园中一景，以增加景色的变化。计成在《园冶》中说：“借者，园虽别内外，得景无拘远近。”“借景西山”是圆明园的重要特点，也是组景时主要考虑的一个因素。如福海景区内，人工堆叠的山脉连绵不断，但总体看，西岸一带山脉较南岸、东岸和北岸要低一些，同时又在东岸设置了两组远眺西山秀色的建筑——接秀山房和雷峰夕照，这主要是为了更好地借景西山。其他如西峰秀色等景，也是“西窗正对西山启，遥接晓峰等尺咫”，极为独到地应用了借景手法，成功地把西山景色组入到园林风景中，清帝在园内甚至可以体验米万钟所云“更喜高楼明月夜，悠然把酒对西山”的意境。

（四）园中有园，万园之园

圆明园的整体布局采取大分散、小集中，大空间开敞、小空间封闭，大中见小、小中见大，园中有园的方式，将全园分成若干景区，大景区中又有小景区，小景区中又有若干景点。景点之间多用山石、林木、廊墙、桥堤、园路分隔与联系，达到隔而不断、若即若离的艺术效果。园内既有“勤政亲贤”的高大殿宇，又有“山高水长”的山水风景；既有“日天琳宇”的禅释胜境，又有“蓬岛瑶台”的神道世界；既有养性修身的“澹泊宁静”，又有不弃四时的“四宜书屋”；既有移地北来的“平湖秋月”，又有模拟辋川别墅的“北远山村”；既有“坐石临流”的上巳风采，又有“多稼如云”的田园景色。可谓园中有园，茹古涵今，万园之园，名不虚传。

（五）博采众长，融合创新

圆明园兼蓄南北景色，汇天下美景于一园，既有北方皇家园林的磅礴气势，又有江南私家园林的小巧雅致。它具有江南山水、北国风光、民族风格等特点，是中国古典园林的登峰造极之作，有“一切造园艺术的典范”“园林博物馆”等美称。圆明园兼蓄古今，包罗中外，成为内含皇家、私家、寺观、田园等各类型园林艺术的集大成者。著名园林学家陈从周说：“北园南调，自然是高品。”[1] 圆明园的造园取景参照模拟了不少江南园林的成功之处，并都做了因地制宜的调整，注重利用独特的周边环境和地貌地形，加以人工的整理与组合，这样不但节约了人工和物力，也有利于园林景观的提升和创新。

五、艺术精湛

圆明园是由人工创造的规模宏大、景色秀丽的大型山水园林。它继承了我国优秀的造园传统，集几千年园林艺术之大成，是中国古典园林的登峰之作。它不但在中国园林史上占有极为重要的地

---

[1] 陈从周：《中国园林》，广东旅游出版社 2004 年版，第 293 页。

位，而且在世界园林史上也享有很高的声誉，被世人冠以“万园之园”“东方凡尔赛宫”等诸多美名。圆明园气势恢宏、典雅华贵，其在园林布局、山水空间安排和设计技巧诸方面都具有极高的艺术水平，因此，古今中外的人们对圆明园一直都不吝赞美之词。

乾隆赞誉圆明园：“规模之宏敞，邱壑之幽深，风土草木之清佳，高楼邃室之具备，亦可称观止。实天宝地灵之区，帝王豫游之地，无以逾此。”法国传教士王致诚说：“（圆明园）无论在设计和施工方面都极宏伟和美丽。因为我的眼睛从来不曾看到过任何与它相类的东西，因此也就令我特别惊讶……中国人在建筑方面所表现的千变万化，复杂多端，我唯有钦佩他们的天才弘富。我们和他们比较起来，我不得不相信，我们是又贫乏又缺乏生气。”乾隆朝大学士汪由敦称圆明园“景观万千，令人目不暇接，顾盼之间不知景观起止于何处”（《省斋诗稿》卷7）。另一位重臣王昶说：“入园似景随人动，处处是景，移步换景，目为所动，美不胜收”（《春融堂集》卷6）。乾隆五十五年，朝鲜使臣徐浩称赞圆明园：“阜陵周遭，松杉蓊郁，彩亭雕榭，曲曲隐映。以佳丽之境，见潇洒之趣，真是仙区也。”乾隆五十八年的英使马嘎尔尼记述道：“入园之后，每抵一处必换一番景色，与吾一路所见之中国乡村风物大不相同。盖至此而东方雄主尊严之实况，始为吾窥见一二也。园中花木池沼以至亭、台、楼、榭，多至不可胜数，而点缀之得宜，构造之巧妙，观者几疑为神工鬼斧，非人力所能及……以全园计之，恐吾所见尚不及其什一。然即此不及什一者而言，已能令当时景象永镌吾脑而不忘。而吾笔记中欲详言其状，亦觉景物万千，不知从何处说起，转不如不说之为善也。”[1]

园林是为了补偿人们与大自然环境相对隔离而人为地创设的“第二自然”。[2]《中国大百科全书》（建筑·园林·城规）对园林的定义是：“在一定地域运用工程技术和艺术手段，通过地形（或进一步筑山、叠石、理水），种植树木花草，营造建筑和布置园路等途径创作而成的美的自然环境和游憩境域。”[3]孙筱祥在《园林艺术及园林设计》一书中说：“园林是由地形地貌与水体，建筑构筑物和道路，植物和动物等素材，根据功能要求，经济技术条件和艺术布局等方面综合组成的统一体。”[4]杨鸿勋的《中国古典园林结构原理》对园林的定义为：“在一个地段范围之内，按照富有诗意的主题思想精雕细刻地塑造地表（包括堆土山、叠石、理水的竖向设计），配置花木，经营建筑，点缀驯兽、鱼、鸟、昆虫之类，从而创作一个理想的自然趣味的境界。”[5]由上述定义可知，一座园林的内涵是很丰富的，但主要构成要素

---

[1] （英）马嘎尔尼：《乾隆英使觐见记》，百花文艺出版社 2010 年版，第 63 页。
[2] 周维权：《中国古典园林史》，清华大学出版社 1990 年版，第 1 页。
[3] 周维权：《中国古典园林史》，清华大学出版社 1990 年版，第 1 页。
[4] 孙筱祥：《园林艺术及园林设计》，北京林学院 1981 年版，绪论第 2 页。
[5] 杨鸿勋：《中国古典园林艺术结构》，见《文物》1982 年第 11 期。

则包括山、水、建筑、植物及动物等，从这几个指标来分析，不难发现圆明园的园林艺术的确精湛异常。

（一）总体布局

圆明园所在地域原是多水的低地，地形西高东低。在建设过程中，通过挖湖堆山，地形地貌被重新塑造，成为一个山脉连绵不断、河湖遍布的大型人工山水园林。总体布局根据封建礼制、堪舆形学、皇家精神追求和物质享受等要求，并结合山水环境及功能需求，较为均匀地进行统筹规划。布局科学合理，既满足使用功能，符合传统地理观念，又依托民族文化，借鉴天下佳景，予以综合升华。圆明园在整体格局上模拟中华大地西高东低，江河东流，西陆东海；后湖九岛的平面构图是“天圆地方”“禹贡九州”和“普天之下，莫非王土”的立意与模拟；全园人工堆山纵横交错，紫碧山房是“大地之脉，咸祖昆仑”的象征。此外，园内本无高山，然而向西借玉泉山、万寿山之景以为己用，不仅弥补了原有地貌的不足，而且使人看到山峦重叠、层次分明的空间景象。山贵有脉，水贵有源，圆明园“移天缩地”，叠山理水，山起西北，水归东南，脉络清晰，结构合理。

（二）叠石堆山

山是组织园林空间，创造不同景观的重要因素。山构成园林的骨架，造园离不开堆山，特别是要达到“虽由人作，宛自天开”的艺术境界，更少不了山石景色的主题。圆明园内基本没有自然的真山，多是以土、石堆叠而成的山，但其规模和形式却极为丰富。园内缀叠大小山体 250 余座，尺度都不高大，一般的仅七八米高，最高的也就十五米左右，但已足够分隔景区。由于匠师们巧于运用对比手法，大量仿自天然，在小尺度中造成山水相间的险峻、平缓、奇兀、幽深、开朗、封闭等种种境界，看上去并没有呆板之感。“山得水而活”，圆明园的山与水紧密结合，构成了山复水转、层层叠叠的园林空间。每个空间又经过艺术加工，既体现了人为的写意，又保持了自然的风韵。“山得草木而华”，林木花卉的巧妙配合也使得山景更为自然和活跃。

圆明园的建设不计用料与工本，从京郊乃至江南各地搬来了大量名贵石料，延请江南名师，在创作上发挥了主动性和创造性。正如乾隆所言：“妙手吴中堆塑能，一丘一壑都神肖。”园中有大量以湖石及青石构成的假山，其山峰、山涧、山脊、山洞如真山一般，可攀登穿行。尤其是一些曲折盘旋的巨大山

▲ 廓然大公太湖石假山遗迹

▲ 泽兰堂堆山遗迹

▲ 青莲朵（现陈北京中山公园）

▲ 青云片（现陈北京中山公园）

洞，一会儿可登至山顶，一会儿又临于水际，增添了别样情趣。园中还有些小型假山，它们沿用江南园林中的叠石手法，并多数安排在建筑的近旁或庭院中，成为内部空间的重要点缀和欣赏对象。此外，园中还有许多名石，它们有的是从深山中辗转运来的，有的是从江南进贡的。前者如文源阁中的“玲峰石”高两丈，以体量大、洞穴多而闻名；后者如“青莲朵”，则是杭州南宋旧宫中的“芙蓉石”。别有洞天中的青云片，汇芳书院东山坡上的巨大湖石，也都是石中精品。它们或浑厚，或挺拔，或玲珑，件件精奇，千姿百态，往往被安置在高起的石台上，成为景观中的视线焦点。

乾隆时期供职于如意馆并参与绘制《圆明园四十景图》的宫廷画师唐岱在《绘事发微》中，论说山水画须“使主山来龙起伏有环抱，客山朝邑相随，阴阳向背俱各分明”，“至山水全景……重叠压复，以近次远，分布高低，转折回绕，主宾相辅，各有顺序。一山有一山之形势，群山有群山之形势”。这一论述用在说明圆明园的堆山理论和实践上同样十分恰当。紫碧山房一景不仅山多，大小山体占百分之七十的面积，而且山的高度在全园是最高的，最为重要的是，这里正处园内西北隅，是脉发全园的基点。园中的山大部分是土山，由挖湖、挖河过程中所出土方就地平衡安排。这些土山总是与水体互为依托，相互增色，组成了一幅幅

▲ 武陵春色（圆明园四十景图）

▲ 圆明园廓然大公烫样（样式雷）

山水画卷。山的高度不高，但是连绵奔突，转折起伏，林木丰茂，气势逼近真山。由于这些山的分隔、围护，园林景观更显完美多变，也形成了更为丰富的空间层次。有的山具体模仿或象征庐山、昆仑山的景色，增加了园林风景的意蕴；有的则在山顶建起城关、亭阁，加强了风景效果。杏花春馆、紫碧山房和廓然大公及如园、绮春园凌虚亭等处，由于在山顶上安排了建筑，大大丰富了山景轮廓。园中还有不少独立的园林空间往往以断续、起伏的土山作为边界，而刻意不修建围墙，如武陵春色即为一例。这样既加强了山与建筑的有机联系，又避免了围墙的生硬、枯燥，增加了园林艺术的韵味。从园林内部看，造成了“山外青山楼外楼”的意境，从外部进入这些小园时，则有“柳暗花明又一村”的感受。

（三）巧妙理水

水是园林的血液和灵魂，若无水，园林风景将黯然失色。圆明园位于地势平坦、河流纵横、水网密布、水量充沛之区。三园水域占总面积的十分之四，约 140 公顷（2100 亩），大小湖泊星罗棋布，弯弯曲曲的河流像蛛网一样，依山就势，分布全园。造园家利用地势低而多水的优势，发挥“就低凿水”宜于以水构景、成景之所长，聚水而成景、因水而成趣。全园一百余处园林景群，像是建置在众多岛屿之上，宛如千岛之园一般。圆明园集我国古典园林理水手法之大成，把水的作用发挥得淋漓尽致。水系贯穿全园各处，汇而成湖，为景区的中心主体，散则为河为溪，回环萦绕，将空间分隔成大小不一的洲渚岛屿，并连成一体，既为造景提供了多样的地貌环境，又将景观融于水系的总体规划之中，创造出独特的园林风貌。同时，山、岛屿、水堤、建筑等也将水面划分成多种形式，各种水面生动活泼，由环流的溪水串联成完整而复杂的河湖水系，山水之间巧妙配合，达到了“水随山转，山因水活”的效果。圆明园充分吸取了中国园林“曲水流觞”式理水方式的内涵，各水域间以及地面水和地下水之间都具有良好的循环，无数蜿蜒雅致的小河颇具小桥流水、江南水乡的风韵，形成独特的风情之美。按照西式水法精心营造的喷泉，也不乏异国情调。全园有多种尺度的湖泊和诸多各具情趣的小型水景，水面采取了大中小巧妙结合的方法，形成了众多的水态。有的是祖国大江大湖风光的摹写，有的则以江南园林的水体为蓝本，甚至还引进西洋喷泉水池。大的如福海，宽五六百米左右，占地 28 公顷；中等的如后湖，宽约 200 米，具有较亲切的尺度；还有许多的小水态，均在四五十米至百米之间，是水景近观的小品。

圆明园
清漪园
御马圈
西砖门
进水闸
西南门
大宫门
慧福寺
善缘庵
文昌阁
芳园门
高水闸
马厂东门
扇面湖
惠亲王园
昆明湖
二孔闸
阅武楼
挂甲屯
六公主园
睿亲王园
马厂
慈佑寺
五孔闸
铜牛
鉴远堂
廓如亭
畅春园
集贤院
西花园
清梵寺
六郎庄
宫门
双桥
菱角泡
海淀村
绣漪桥
大堤
沙子桥
大河庄
涵洞
滚水坝
黄亭子
巴沟村
巴沟桥
圣化寺
宝真观
万泉庄
黑鱼坑
后坑
小南庄
宗庙
大沙泉
沸泉
小沙泉
长春桥
稻田
图例
稻田
水面
山丘
建筑
石桥

▲ 圆明园来水河道全图

在圆明园，水的功能是多样的。可用来造景，园内大多景观皆因水而成；游园时，水也具有交通功能，其主要工具是船和冰床，乘船游览省时省力；园内日常所需物资，也可通过水路运输；水上游乐项目，如龙舟竞渡、冰嬉、放河灯等，须在水面进行；水可用于消防，这时一般多用湖水，在寝宫区及重要景点都设有铜海储水备用；水也具有绿化功能，其用水一般都是湖水；而生活用水除了从玉泉山运来外，多来自园内各处的深水井。为发挥不同的功能，圆明园水面的深度、水底、水岸和河道等都设计得十分考究和科学合理，如福海最深处达3.8米，一般水面深度也有2.3米，这样的深度可以保证端午龙舟竞渡及平日的大船行驶。而前湖、后湖是皇帝日常活动的主要水面，经常行走船只，其水深也介于两三米之间。圆明园水上交通专用河道其深度一般在2米左右。有的水面因不需要水生植物，其水底一般都铺垫沙石。有些以水生植物为主题的景观，其水深一般在0.8米到1.5米，这样的水深利于植物生长，也不碍荡舟，如濂溪乐处、澹泊宁静、曲院风荷等处。园内与寝宫区相近的河湖、河道，为避免虫鸣蛙叫，水底一般也铺满沙石。圆明园水与其他园林要素的关系十分协调，当水面空间较大时，即把若干建筑、山体、林木等安排在周围，以提供多距离多角度的赏景机会，而它本身也可作为水上娱乐活动极其灵活的舞台，其中以福海景区最具代表性。蜿蜒流淌的小溪，像银线一般，将功能、风格、规模等完全不同的建筑群和风景点等串联起来，使人在游览过程中获得多样的艺术享受，并把游览变成一个多方向、多变化的动态过程。引入建筑群中或庭院中的水体，打破相对呆板的格局，活跃了内部的气氛。各种形式的水庭、更是成为整个建筑群或园中园的特色，如坦坦荡荡的方形观鱼池、濂溪乐处的水庭、思永斋的八方形水庭等，都成了主要构成部分和构图中心。和山体一样，河湖本身也往往成为建筑群或园林的自然边界，使不同形式、空间的过渡灵活自然。河岸的缓坡处理，建筑的临水布置，曲桥伸入湖中或在水面安排汀步等，都可直接密切人与水的关系，至于水边垂柳、岸芷汀兰，则直接增添了水景的色彩和情趣。

（四）建筑奇观

圆明园作为皇家宫苑具有多方面功能，办理政务，需要有举行各种礼仪和处理日常政务的殿堂、衙署；生活起居，需要有寝宫、戏台、花园等；还有供皇室进行宗教、祭祀活动与念书习武的场所，如佛堂、斋宫、藏书楼、骑射场等；此外，为各项功能服务的辅助设置，包括膳房、作坊、库房以及庞大服务人员的生活用房等也不可或缺。因此，圆明园规模大，建筑数量多，建筑

▲ 汇芳书院（圆明园四十景图）

面积近20万平方米，而该时期清漪园的建筑面积（颐和园的前身）仅为7万余平方米，紫禁城的建筑面积也不过16万平方米。圆明园融国内各民族及西洋建筑特色于一炉，可以称得上是中外建筑艺术、特别是中国古代建筑艺术五彩缤纷而又浑然一体的“综合展览馆”。山高水长与含经堂的蒙古包，是草原民族特色建筑风格的典型代表。伊斯兰教风格的方外观以及反映新疆阿克苏风情的线法墙，生动地再现了西域民族的建筑特点。舍卫城，效仿古代印度乔萨罗国的都城兴建，体现了南亚建筑风格。西洋楼景区则有意大利巴洛克式、法国洛可可式等欧式风格的建筑，西方建筑形式第一次集中出现在中国。圆明园集成了中国古建筑的几乎所有类型与丰富多彩的结构形式，并在很多方面予以创新，园内由清帝冠以佳名的建筑约800余座，有内外匾额1200余面，其建筑类型之复杂，布局之合理，功能之齐全，可谓皇权文化统率下的多元建筑文化的荟萃。百余组建筑群的挥洒布置无一雷同，几乎囊括了中国古建筑的一切平面布局和造型式样。

山水是形成园林环境的基础，好的建筑须因山就水，讲究与地势的配合。乾隆在《塔山四面记》中阐述了这一原则：“室之高下如水之有波澜。故水无波澜不致清，山无曲折不致灵，室无高下不致情。然室不能自有高下，故因山构室者其趣恒佳。”建

▲ 濂溪乐处（圆明园四十景图）

筑和水结合，相得益彰。建筑依水，为观赏变幻迷人的水景创造了很好的条件，而多姿多彩的建筑造型点缀在湖面上，也为水景添上了精彩的一笔。园内大部分建筑都借助于水以加强表现力。乾隆《澄素楼》诗云："澄素固在溪，而楼适溪上。溪澄楼亦澄，曰二原一样。"紫碧山房澄素楼建在水中央，通过桥与东岸相连，达到"溪澄楼亦澄"的效果。乾隆《挹香室》云："书室冷然近水边，益清花气拂文筵。一篇展读当消暑，正是濂溪说爱莲。"四宜书屋挹香室依水而建，在此赏荷、读书和消暑，令人心旷神怡。乾隆《活画舫》诗云："木舫原飘动，称云活画舫。此诚石舫耳，何以亦名之。流水窗前过，行云天上披。"别有洞天活画舫，以舫为造型，水流窗前，临窗俯视，让人耳目一新。上下天光主题建筑以木桩支撑于水面，两旁各有九曲木桥与岸相接，形成亲水空间。濂溪乐处是正方形的回廊，一边倚岸，其余三边架临水面，回廊环抱着一个荷池，既可看湖景，又能赏荷花。万方安和好像水面上漂浮着的"卍"字。其他如澡身浴德、坐石临流、方壶胜境等处，都是利用如镜的湖面或淙淙的溪流这些动态的自然环境而获得建筑设计上富于独创性的意趣。

（五）植物景观

圆明园堪称一座皇家植物园，奇花异草、名树古木遍布全园，包括松、柳、竹、荷四大品种，共有百余种乡土花草树木，并且还引种江南、塞北、西疆及南亚的树木花卉。据乾隆朝“莳花碑”所记，园内专门管理花木的太监、园户、花匠多达三百余人，另有太监经营果园、菜畦、苗圃，他们常常克服气候等不利因素，不惜工本大量培植江南的花卉树木，如梅花、兰花、芭蕉等。满园之中，“露蕊晨开，香苞舞绽，嫣红姹紫，如锦似霞。虽洛下之名园，河阳之花县，不是过也……二十四番风信咸宜，三百六十日花开似锦”。圆明园也是花木繁殖、繁育的试验园地，是园林利用植物、花卉色彩造景的实验场。园中不仅构置酷暑中使用的“荫棚”，避免强光照射花卉，而且有越冬贮花的“窖房”，窖房内设有烧柴草的“火墙”“暖地灶”，以保证花期控制和四季花卉观赏。乾隆时，还经常进行花木移植、改良品种等实验性栽培，改变了古典园林一味顺应自然时序，单纯借花木造景的传统。

圆明园植物景观非常丰富，在一个景群内部，根据地形条件、建筑特点、园林功能及花木习性等不同要求，既突出一两种植物，造成强烈的个性特征，又尽量避免单调。植物配置因景而异，景

▲圆明园莳花碑（现陈北京大学）

▲ 圆明园莳花碑拓片

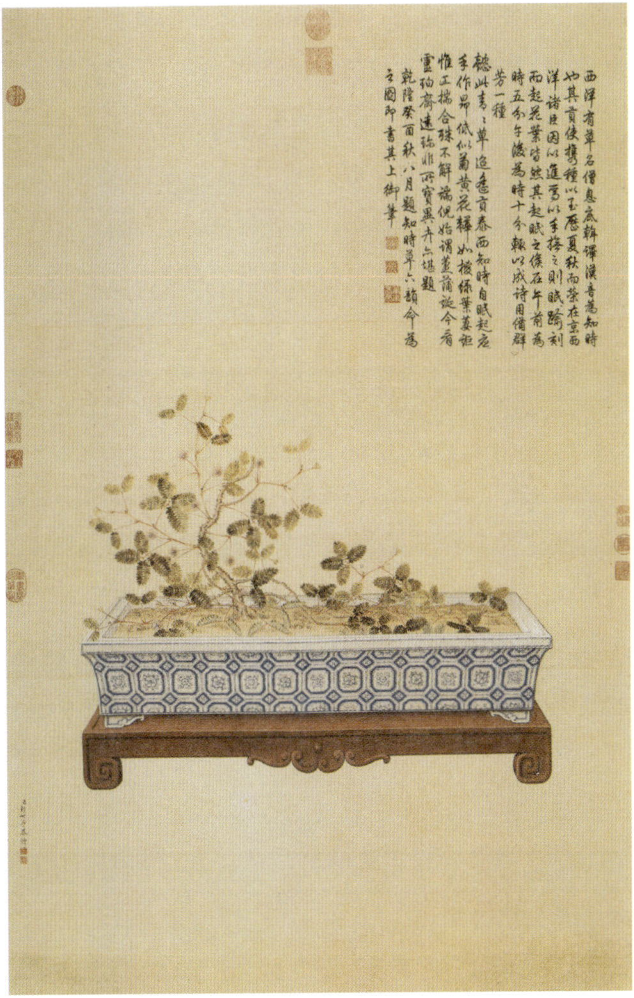

▲ 郎世宁绘《海西知时草图》

与景之间各具特色。一些观赏价值较高的名木佳卉，皆配置有重要景点，如牡丹台种植各色牡丹数百株，是观赏牡丹之处。碧桐书院，种植梧桐数株，寓意清雅、高洁，是读书的好地方。三友轩，屋外栽植松、竹、梅，取“岁寒三友”之意。杏花春馆以杏花为主，配以松树、玉兰。松风萝月以松和紫藤相配。武陵春色以桃花为盛，濂溪乐处以荷花为主，洞天深处则以幽兰见长。圆明园植物景观的营造，一方面与赏花为乐有关；另一方面，与康熙、乾隆赏花喻理的思维方式分不开。康熙认为：“花者，草木之性，无性则无以繁衍，天地万物之理。故花能悦人寓理。”乾隆对祖父的“花理”心悦诚服，他说：“皇祖花理至明，万物一理备括。别苑自当引花木来植，以育洁身自好之心。”[1]事实上，这种做法就是借植物来寄情、寓意、比德，以抒发不同的志趣，寄托不同的思想，甚至将其形象或属性予以人格化。如松柏的坚贞不渝、梅的暗香雅韵、荷的清香益远、竹的高风亮节、兰的幽谷自芳、菊的操介清远、牡丹的国色天香、石榴的多子多福、萱草的解愁忘忧等，这些花木均有不同的审美品格，成为备受喜爱并运用娴熟的植物素材，圆明园植物景观也因此更有文化内涵。

[1] 清高宗《御制诗集》第4集“观梅竹有句”附注。

（六）动物情趣

动物是中国古典园林的重要组成要素之一，在中国造园史上，对动物景观的处理有悠久的历史。三千多年前，周文王以利用自然为主的大型园林中就畜养了鹿、兔等供狩猎和观赏的各种动物。动物景观的布置，是中国古代造园艺术中的重要内容，有许多独特的技艺，举凡鸟兽虫鱼等各大类品种的选择，畜养方法、驯服技术、繁殖优化等，都为园林平添许多乐趣。莺歌燕舞、鱼跃鸢飞，带给园林无限的生机与活力。中国园林正是因为有了鸟兽虫鱼的融入，才更具有返璞归真、乐而忘归的美好意境，才真正营造出了天人合一的境界。

圆明园堪称一座“皇家动物园”，珍稀动物有白猿、麋鹿、朱鹮、仙鹤、孔雀、天鹅及五色锦鲤等。园内养鹤颇多，既需剪羽，又要喂粮。乾隆二十七年奉旨放鹤，任其自便，但鹤终不远去，乾隆曾屡作“放鹤”诗以记其事。西洋楼养雀笼，建成于乾隆二十四年（1759），其南北侧室内笼养、展陈孔雀等鸟类，是一个开敞的禽鸟展览场所，故得名养雀笼。光是此处，常年笼养的各种鸟类就有 400 多只。福海是水生动物的天堂，内有鱼类、蛙类等大量水生动物活跃其间，法国传教士王致诚记述道：“水

▲ 孔雀开屏图（清人绘，现存台北故宫博物院）

▲ 郎世宁绘《鱼藻图》

滨复有无数禽笼鸟室，畜水禽者则半入水中，半居岸上。在陆则有兽圈猎场。沿途时遇此小建筑也。有金鱼一种，视为珍品。鱼身大半作金黄色，然亦有银色与蓝红绿紫黑及胡麻炭色者，又有诸色混合者。园中鱼沼甚多，而以此为最。因其面积大也。沼有细铜丝网作篱，以防鱼之散布全池。”

圆明园前朝后寝区以西以北，福海周边，长春园中式园林区，以及绮春园等广阔的园林空间景点众多、景色优美，是无与伦比的“天宝地灵之区，帝王豫游之地”。

第二章　御苑景观

▲ 九洲景区全景图

一、前朝后寝

前朝区为帝王将相专属活动区，主要包括大宫门内外朝房、正大光明景群、勤政亲贤景群三部分。大宫门内外分布着政府各部门的衙署，正大光明殿相当于大内太和殿，是举行朝会和重大典礼的场所；勤政亲贤殿是皇帝的日常办公地方，相当于大内养心殿。后寝区位于前朝区正北，是前朝区中轴线的延续，也是圆明园景色最优美、功能最齐备的核心区，具有“内寝”和“御花园”的双重功能。在园林布局上模仿国家疆域，西北高东南低，按“禹贡九州”的立意围绕后湖设计九个功用和情趣各不相同的岛，象征着江山一统。各岛独自成景，又互有因借。为借西山之景，引景入园，西岸不堆山、不建楼，视野开阔。而后湖东西、南北各200米左右的宽度，在视觉上恰好取得最佳的观赏效果。

正大光明

位于圆明园大宫门内，为“圆明园四十景”之首，是前朝区主体。南起宫门前大影壁，北至正大光明殿后寿山。圆明园正宫门设内外两道门殿，前曰大宫门，内曰出入贤良门。出入贤良门骑南墙而建。在出入贤良门和大宫门外，分列东西朝房和转角朝房，为六部九卿值所，其外侧设东西如意门和东西夹道门。朝房再南则圈建彩油木栅栏“挡众木”。这些属于圆明园的宫门禁区。

大宫门为南向五间门殿，门楣悬挂雍正御书“圆明园”匾。此门专供皇帝出入，东西分设左右门，大臣从左门，太监杂役人员从右门出入。大宫门前为倒“丁”字形石路，正南为大影壁。丁字路向西可通至万寿山，向东折而东南即通向西直门的条石辇道。大影壁南侧，辇道东西皆为湖，谓扇面湖。出入贤良门亦为南向五间门殿，门左右有顺山值房各五间，为部院臣工入值候旨之所。东西设两罩门，东罩门为各衙门凌晨呈递奏折之处，俗称奏事门。出入贤良门前桶子河河形如月，中架石桥一座，其东西各有一座板桥。出入贤良门外，是来京外藩王公和藩属国使臣觐见清帝的处所之一，称为“瞻觐”。凡武职官员和侍卫在园内引见，皇帝要在贤良门外考校其射箭技术，谓之“较射”。

正大光明殿为御园正衙，是清帝举行朝会、宴请外藩、寿诞受贺以及科举殿试等重大活动的场所。该殿为一座面阔七间、单檐灰瓦卷棚歇山顶建筑，四面围廊。它建在一座高约1.3米的宽

▲ 从后湖东岸远眺西山

▲ 正大光明（圆明园四十景图）

大月台上，外部风格朴实无华。殿前有东西配殿各五间。殿东为叠落游廊。这座院落的围墙为石基粉体灰瓦顶，同周围的环境协调一致，表现出园林建筑的格调。四望墙外，只见“树木阴湛，花时霏红叠紫，层映无际”。殿后是寿山，山虽不太高大，但遍植树木，一片葱茏苍翠，满山剑石树立，峻峭挺拔。

勤政亲贤

位于正大光明殿之东，是清帝在园内听政和处理日常政务之所。建筑规模庞大，密密层层，主要由四个院落构成，各院落之间有回廊连接。院落里布置着奇石，种植着名贵花卉，环境优美。

最西部为洞明堂所在院落，洞明堂是每年秋审时皇帝审核勾决人犯的“勾到”之处，功能类似于大内懋勤殿。洞明堂东邻为勤政亲贤殿，该殿为南向五间殿，前后各接三间抱厦，是清帝“御门听政”及平日批阅奏章，召对臣工和会见外藩王公之处。殿内宽敞明亮，正中是皇帝的宝座，殿前院落呈现一派清幽雅静的气氛。勤政亲贤殿东北的一所院落里有飞云轩、怀清芬、秀木佳荫、生秋庭诸建筑，其中怀清芬殿亦是清帝进早膳和办事、引见官员之所。这一组院落东边是芳碧丛、保合太和、富春楼系列建筑。

九洲清晏

位于正大光明正北之前后的湖间大岛上，为帝后寝宫区，四

▲ 勤政亲贤（圆明园四十景图）

▲ 九洲清晏（圆明园四十景图）

围环水，交通依赖桥梁与游船。本景是后湖四周九座岛屿中面积最大的主岛。因是御园内围禁地，除近侍太监、宫女外，闲杂人等不得擅自进入。

中轴线上自南分布的圆明园殿、奉三无私殿和九洲清晏殿合称圆明园三殿。圆明园殿悬挂康熙御书“圆明园”匾，是园内最早的建筑之一。奉三无私殿是每年正月举办宗亲宴之处，通常也是各部院衙门向皇帝呈览贡品、物件、图册的地方。九洲清晏殿初建时是清帝主要寝宫，雍正正是驾崩于此。乐安和在奉三无私殿西侧，是乾嘉时期皇帝的寝殿，道光中叶改建为慎德堂。清晖阁居乐安和西侧，被乾隆称为“御园第一避暑地”。乾隆每于元宵节前夕，在这里张灯列宴，侍奉皇太后庆赏。道光喜居慎德堂，他本人亦病逝于此。同道堂在九洲清晏殿西侧，为道光朝添建，咸丰特喜在此园居。天地一家春为中轴线东侧后妃寝宫诸院的统称，嘉庆就出生在这里。

镂月开云

位于后湖东岸南部，四面山环水抱。它以牡丹著称并得名牡丹台，是康熙朝即胤禛花园的主要景观之一。镂月开云楠木殿为本景前殿，南临曲溪，殿前以文石为坡，楠木都保持原有的纹路和色泽，别具清雅趣味，殿顶用琉璃瓦砌成图案。乾隆御制《镂月开云》诗序云：“殿以香楠为材，覆二色瓦，焕若金碧。前植牡丹数百本，后列古松青青，环以杂花名葩。”园林学家陈从周说“牡丹香花，向阳斯盛，须植于主厅之南”，是处的牡丹即如此种植，因此牡丹特盛，花开时争奇斗艳，煞是好看。雍正《牡丹台》诗云：“叠云层石秀，曲水绕台斜。天下无双品，人间第一花。艳宜金谷赏，名重洛阳夸。国色谁堪并，仙裳锦作霞。”

康熙曾 12 次临幸圆明园游赏进宴，其中多在牡丹盛开季节莅临。最末一次是康熙六十一年（1722）农历三月二十五日，康熙专程来欣赏牡丹，陪同侍奉的还有年仅 12 岁的皇孙弘历。康熙见到聪明伶俐的小皇孙，异常喜爱，传旨将弘历招入宫中培养。就这样，主宰中国命运长达 130 余年的康雍乾三代天子，在这里汇聚一堂，被传为佳话。乾隆登基后为纪皇祖之恩，手书“纪恩堂”匾额，悬挂于镂月开云殿内，并御制《纪恩堂记》。

坦坦荡荡

位于后湖西岸南部，俗称金鱼池。四面环水，四周建置馆舍，中间开凿鱼池。西、北外侧复围土山。鱼池内外叠石颇多，是皇帝饲喂与观赏金鱼之处。

坦坦荡荡仿杭州清涟寺里的“玉泉观鱼”而建，因寺内有泉，而凿放生池，成为观鱼胜景。坦坦荡荡的造景既不受寺庙庭园的束缚，也未拘泥于院中凿池的格局，而是突出观鱼的主题。岛中凿规模宏伟的矩形鱼池，四周以花岗岩大条石垒砌，中筑平台，

▲ 镂月开云（圆明园四十景图）

▲ 坦坦荡荡（圆明园四十景图）

上建敞厅，台的三面平桥与池岸通连，池成“品”字形，均饰以汉白玉栏杆，凭栏俯槛，增强了观鱼的功能。北侧鱼池内还精心设计了一座木构曲桥与方亭，是专为帝后、嫔妃凭栏观鱼方便和安全而建造的。池内还特别修造了 6 座圆形的、大小不一的下沉式鱼窖，为金鱼过冬之用。

圆明园的大小水体多作不规则形，用天然石块护岸或做成自然坡岸，本景的观鱼池却作规则的矩形，四周是整齐的石岸。池中布置了体态优美的湖石，并疏疏落落地种植了浮萍。池东的“知鱼”亭点明了观鱼功能，“鱼乐人亦乐，泉清心共清”。

二、游赏之区

圆明园前朝后寝区以西以北，福海周边，长春园中式园林区，以及绮春园等广阔的园林空间景点众多、景色优美，是无与伦比的“天宝地灵之区，帝王豫游之地”。

圆明园的西北部有寓意昆仑山的圆明三园制高点紫碧山房、皇家祖祠安佑宫、皇家藏书楼文源阁、皇家大戏楼同乐园、皇家宫市买卖街等景点。多组功能不同、风格迥异的宗教建筑、买卖街、藏书楼，以及园林小品成组成群，作集锦式布局，串联成有机整体。青山逶迤，河湖交织，造成开合变化、层层叠叠的园林空间。加上平展开阔的水田和茂盛的林木花卉，使这一区域呈现一派花团锦簇、气象万千的画面。沿北墙的一系列园林小景，布列北溪河两岸，婉转多姿，丰富了风景层次，小中见大，顾盼自如，成功模拟了江南风光和自然田园景色。

福海位于圆明三园中心，是三园中最大的水面，近于方形，长宽约600米，总面积约28公顷。水面开阔，风光秀丽，四周山峦叠翠，花木繁盛，建筑的配置采用平淡疏朗的手法，没有高大的体量和惹眼的色彩。环列周围的十个小岛将漫长的岸线分为大小不等的十个段落，临近水面的开阔地段布列不同的风景，充分发挥它们的“点景”与“观景”作用。如“方壶胜境”“别有洞天”等，与福海隔而不断、若即若离、互为因借，形成开朗与幽深的对比。众多的园林佳境，组成以福海为中心的庞大风景群。法国传教士王致诚对福海赞不绝口，他记述道：“各大宫殿，山石相间，河流相隔，若远若近，皆环绕此海焉……海之四周，景象各不相同。或为平岸，砌以整石，接以长廊林荫路与大路；或为碎石斜坡，拾级斜登，匠心独运，或为正大高坡，列一阶即登殿宇，坡上复有高坡及其他殿宇，层列如半圆形看台焉。其外又有着花之树，团簇呈列，历历可睹。其较远处则更有自荒远山中移来之野树成林，且也栋梁之材，异方之树，花木果木，固无一而不备也……当夫游船环集，金碧辉煌。或来荡桨，或事垂纶；或兢水嬉，或排阵势。必须身亲其际，方能领略海上之大观。而尤以良夜放花之时，殿宇齐明，船身树木毕现，其景为最玮丽。”

盛时，福海是圆明园的水上游乐中心，为泛舟游湖、观龙舟、观烟火的绝佳场所。每遇端午前后，皇帝和后妃们在此观赏龙舟竞渡；七月十五日中元节，皇帝在此观赏河灯；冬日结冰后，皇帝喜欢乘坐冰床及冰船在福海游赏。

长春园中式园林区位于圆明园紧东邻，占地约 70 公顷。利用洲、岛、桥、堤将大片水面划分成若干不同形状、有聚有散的水域，开朗中透着幽邃。该区比较合理地组织了水路游线和陆地游线。环湖周边的陆地上，堆山叠石，安排十余组景点，组成陆地外环游线，同时由大小湖面组成水上内环游线。长春园水域尺度相宜，最大湖面两岸都在 200 米以内，符合人的合理视觉尺度，山容水态各具特色，水面的开合处理得也很得体。整体布局和谐有序，与圆明园相对拘谨和密疏不均的格局形成较明显的对比。

绮春园位于圆明园和长春园以南，规模大致与长春园相当。虽由数个私家园林合并而成，但处理恰当，特别是水体相连、山势呼应，并没有凌乱拼凑的感觉。景致以婉约多姿、秀丽动人见长。小空间和小布局的方法使得整体风格比较自由，注重居住环境和生活空间的设计，并不强调建筑的雄伟壮丽，除宫门等少数建筑外，很少采用轴线布置的方法，即便是出现了轴线的建筑群，也巧妙地利用山水的穿插打破中轴对称的格局，形成了一个个随意自如、精致小巧的园林景观。

长春仙馆

位于正大光明之西，初名莲花馆。自雍正七年起成为皇四子弘历（乾隆）的赐居之处，雍正另赐弘历雅号“长春居士”。乾隆十三年前仍为乾隆孝贤皇后宴息之所。乾隆元年（1736）定名为长春仙馆，并增饰为皇太后在御园的驻憩处所，乾隆四十二年（1777），孝圣皇太后病逝于此。嘉庆即位最初三年被太上皇赐居于此，是谓“训政三年居仙馆”。道光中叶改建九洲清晏寝宫区时，道光亦曾在此寝居。是处可谓御园第二帝后寝宫区。

本景四围山环水绕，岛上有梧有石，景色明丽，屋宇深邃，重檐曲槛，逶迤相接。有长春仙馆、丽景轩、墨池云、春好轩、随安室、含碧堂、林虚桂静、抑斋、古香斋、藤影花丛、鸣玉溪等景观。其中含碧堂、随安室、抑斋和古香斋均曾为乾隆的书房。

山高水长

位于圆明园西南隅，楼宇远对西山。其地势平展，视野开阔，四周树木掩映，西南北三面河水环绕，东面后倚坡冈处有西向重楼。登楼眺望，一派山清水秀景色。由于地面宽阔，偏处一隅，遂成为每年新正皇帝设武帐筵宴朝正、外藩和平时侍卫骑马较射的场所。每岁元宵灯节，照例在此举行大规模的烟火盛会，这里也是皇帝平时宴赏来京外使之地。

主建筑山高水长楼又称引见楼，为西向九楹的两层楼。每岁灯

▲ 长春仙馆（圆明园四十景图）

节，皇帝一般在楼下观看烟火，后妃则在楼上陪同。十三所位于山高水长楼南侧偏东山环里，由十三个南北排列的院落组成，是烟火盛会等各种活动的保障服务处所。山高水长楼前远方之长溪，是圆明园的进水河道。玉泉、万泉两水系在圆明园南侧汇成高水湖，北流至进水闸注入园内。乾隆云："园中诸湖皆由此楼前长溪流注。"山高水长的园林植物，以常绿乔木和落叶乔木为主。乾隆曾在此栽植松树，并有御制《种松》诗，勒于《土墙》诗碑阴。这里也有皇帝演耕用的田地，乾隆于每年清明在先农坛行"耕耤"礼前后，曾多次在山高水长"演耕"，嘉庆还曾在本景设坛祈雨。

万方安和

位于山高水长东北，俗称万字房，是清帝的重要寝宫。在通风、保暖和采光等方面都有独到之处，具有冬暖夏凉之妙，四时皆宜择优居住，雍正特喜在此园居。本景以一片南北纵深205米、东西宽约130米的湖水为中心，四面岗阜起伏环抱，镜湖倒影，景界开阔明净。十字亭、万字房南北凌波分立，互成对景，风景幽雅。

主建筑万字房矗立在碧波如镜的水池中，是一座33间，成"卍"字形的大型殿堂，东西南北室室曲折相连，各间的面阔、进深均等。随朝向、阴阳与季节之不同，各区域室内的温差也随之变化。冬季，西北两路遮挡住寒冷的西北风，东南则向阳温暖。夏季，水面温度较陆地凉爽，轩窗四启，内外空气流通，暑热顿消。可以根据

▲ 山高水长（圆明园四十景图）

▲ 圆明园万方安和（圆明园四十景图）

季节的交替随意选择适宜的房间居住。万字房外形美观，造型独特，其条石基础深埋湖底，整个建筑犹如漂在水上，仅设桥与岸相连。南面水域外有堤，堤上建有平面为“十”字形的亭，西侧设有船坞，隐于水域支叉之内，乘船可直达这座建筑的临水台阶。

鸿慈永祜

位于圆明园西北部，亦称安佑宫，为御园皇家祖祠。循景山寿皇殿“敬奉神御（皇帝御容画像）”之意而建，乾隆八年（1743）建成，是年即供奉康熙、雍正御容。凡皇帝从宫内迁来御园和迁回宫内之日，外出巡游离园和返园之日，上元日、中元日、清明，皇帝本人生日及先皇诞辰、忌日等，清帝皆至安佑宫叩拜行礼。按清代定制，景山寿皇殿除供奉列祖列宗御容外，每逢除夕、元旦还要供奉列后神御一同瞻拜。但安佑宫则唯供清帝御容，而“未及列后”。

本景规模宏大、格局严谨，从南到北贯穿着一条中轴线，以节奏鲜明的建筑空间序列渲染了祭祀的庄重气氛。主殿为黄色琉璃瓦重檐歇山顶，是园中最为壮丽的殿堂，规格高于御园正殿正大光明殿。最南边以一座牌坊和四根华表形成了第一个组群，周围有土山及苍松翠柏相烘托，是整个建筑群的序幕。由此沿甬道向北过月河桥，即可抵达宫前广场。广场的东南西三面是三座牌楼，北面是琉璃门，进门之后，再度跨过石桥，迎面是五开间的安佑宫宫门，也是黄琉璃瓦歇山顶，坐落在高起的须弥座上。它

▲ 鸿慈永祜（圆明园四十景图）

的体量和样式即已预示着其内不同凡响的主体建筑。宫门内是由第二道院墙围护着的一个大院，安佑宫九间大殿就巍然矗立在汉白玉雕砌的月台上。月台东西两侧设有碑亭和配殿。这组建筑尽管在“中轴对称、红墙黄琉璃瓦、大木大式的斗拱结构、崇基石栏”等方面体现了礼制建筑的规制，但所处仍属自然山水环境。四外有岗阜相拥、河渠环护，体现了乾隆所说“周垣乔松偃盖，郁翠干霄，望之起敬起爱”的氛围。

紫碧山房

位于圆明园最西北隅，以人工山地为主，景观散布于土冈石峰间，为全园“山起西北”之首，有昆仑山的寓意，形成统揽全园的制高点。登临山顶，俯瞰远近，山清水秀，满目皆景，处处入画。近有圆明园景，远可见万寿山、玉泉山乃至西山群峰，借景手法运用得恰到好处。

主建筑居中，共有两进院落，随地势而南低北高，北端有石山屏障，颇具气势。建筑群西面临湖，对岸就是圆明园西墙。建筑群东侧，延伸着两脉石山，两山夹谷，山谷向南敞开。山中有回转相通的石洞，亭台馆榭散布山间。南北中轴线上的正殿名为“紫碧山房”，后面是“横云堂”，再后为“乐在人和”。景晖楼、丰乐轩、霁华楼、石帆室、坐霄汉、纳翠轩等建筑散置在中轴线以东山上。其西翼就水中而建者是澄素楼，再西北有引溪亭。亭台楼阁都建造

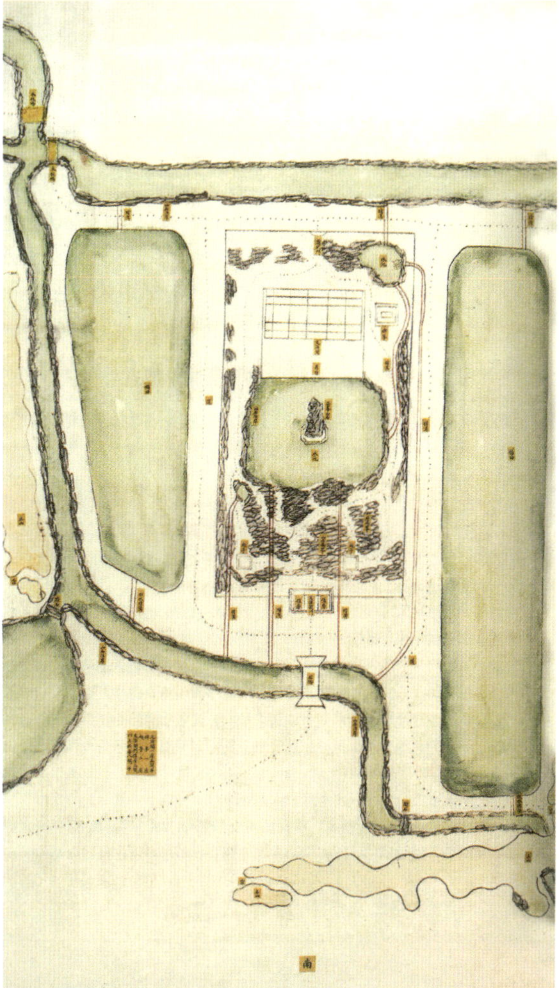

▲ 文源阁平面图（样式雷）

在山上，而且还有水池在山中，可见此处山体具有相对的高度和广度。紫碧山房西北有一南北走向的溪流，溪水从碎石铺砌的河床上叠落而下，经过引溪亭汇入澄素楼所在的水池。由于地势落差，湍急的溪流呈现出水花飞溅如雪的景象。紫碧山房以东为“御菜园”，顺木天在其偏东，是座八方二十四柱的高台大亭。

文源阁

位于水木明瑟之北，是一处以藏书楼为主体的景观，原是一座四方重檐的四达亭。乾隆四十年（1775），改建成文源阁。文源阁仿浙江宁波天一阁而建，与紫禁城文渊阁、避暑山庄文津阁，

▲ 文源阁玲峰石

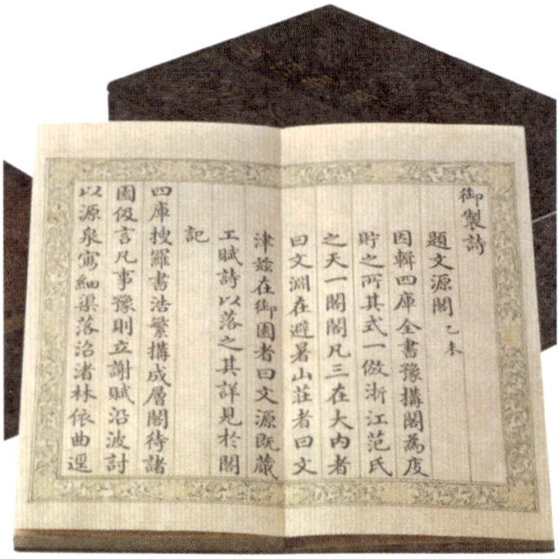

▲ 乾隆御制《题文源阁》

▲ 柳浪闻莺石坊坊楣片

以及沈阳故宫文溯阁，同为收贮《四库全书》之所，合称“内廷四阁”。建成之初，即收贮《古今图书集成》一部。乾隆四十八年（1783），《四库全书》第三部完成，即贮于文源阁。

藏书阁坐落于长方形庭院的北侧，阁前为水池，池南有一座东西铺陈的大假山，宫门置于假山南侧，藏书阁的中轴线上。入宫门后或穿过山洞，或经崎岖的蹬道，绕过水池，方可到达藏书阁。阁为南向六间卷棚歇山两层楼，覆黑色琉璃瓦，嵌绿边，有加强防火的寓意。阁东为碑亭，亭内石碑用满汉文刊刻乾隆御书《文源阁记》。

阁前的方池不仅衬托了建筑和附近的奇石，而且也是用作救火的蓄水池，建筑附近未种植树木，是为防止虫蚁接近。玲峰石为方池中巨型湖石，产自京西房山，高约六七米，体积庞大而又玲珑剔透，共有大小孔穴 84 个，它是被乾隆称为比万寿山青芝岫“有过无不及”，比宋代书画家米芾的“八十一穴异石”还要“过犹远”的西山神产。该石有乾隆御题“玲峰”二字，并刻有乾隆三首御制诗，以及词臣彭元瑞、曹文植等人诗咏和“异石超三洞”题记。

坐石临流

位于九洲景区东北侧，是极具文学韵味的景观。中华自古就有上巳节（农历三月初三）举行修禊活动的习俗。修禊是上古时代人们在春天临水洗涤以去除不祥的一种祭祀活动，至汉代演变成世俗性的春游盛事，出现了禊觞、禊饮等形式。东晋永和九年（353）清明上巳，发生了中国文化史上的一件盛事，成就了书法史上的一座丰碑。这天，书法家王羲之和名士谢安等41位文人雅士，为过修禊日宴集于绍兴兰亭，作文吟诗，流觞取乐。“此地有崇山峻岭，茂林修竹，又有清流急湍，映带左右，引以为流觞曲水，列坐其次，虽无丝竹管弦之盛，一觞一咏，亦足以畅叙幽情。”他们列坐水边，让盛酒的羽觞从上游循流而下，流到某人面前，某人即席赋诗，不然就罚酒三觞。这次聚会的26人作诗37首，王羲之为这些诗作了序，记下宴集的盛况，并写出与会诸人的感受，这就是《兰亭集序》。他还当场精书了这篇序，字体飘逸、劲健，成为书法名帖，被誉为“天下第一行书”。从此“曲水流觞”这一修禊的传统习俗被雅化为文人雅集的风流。雍正仿照古兰亭意境在圆明园建了西向三开间的重檐亭，初称流杯亭。乾隆对“茂林修竹兰亭景，烟缕晴丝上巳天”的风雅也神往不已，觉得流杯亭的文化内涵意犹未尽，便将其改建成重檐八方的八柱亭，并命名为“坐石临流”。原来的石柱换成方形青白石柱，乾隆还把从内府藏帖中的历代书法名家《兰亭帖》墨迹六

▲ 坐石临流（圆明园四十景图）

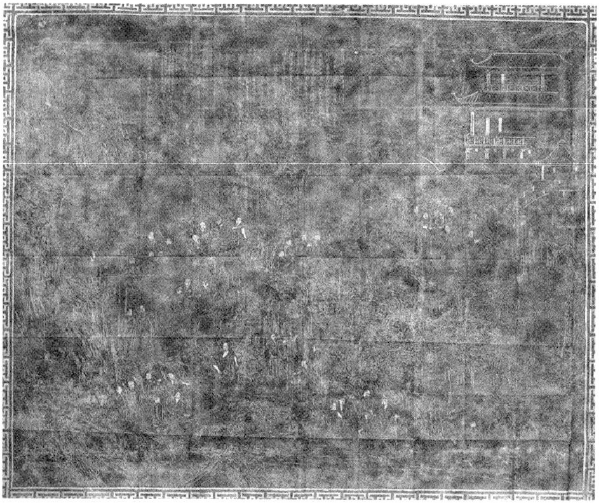

▲ 坐石临流“兰亭”碑正面（王羲之等人兰亭修禊图）

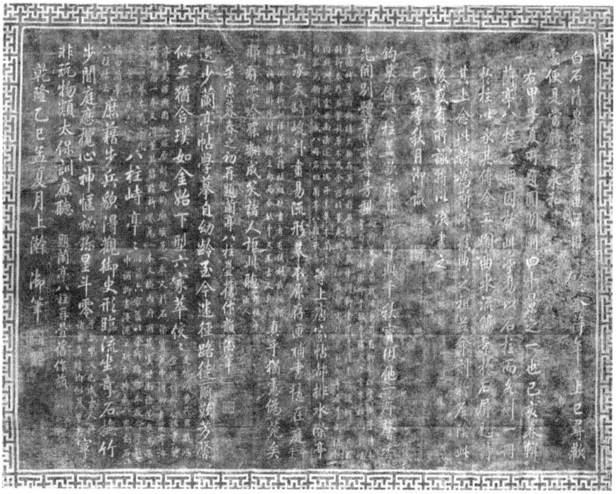

▲ 坐石临流“兰亭”碑反面（乾隆御笔四首）

册，以及大学士于敏中补柳帖之漫漶（缺笔）成一册，再加上自己临摹董其昌所仿《柳书兰亭帖》一册，合为《兰亭八柱之册》，并在每根柱上摹刻一册。亭中竖有一座巨型石碑，正面刻王羲之等人的《曲水流觞》图景，反面刻乾隆御制诗文。

改建后的八柱兰亭具有更强烈的文化象征意义。周围的山体虽然没有崇山峻岭之势，但也有土山呈蜿蜒环抱之态，加上曲折的溪流和青松翠竹的点缀，其环境和绍兴兰亭的地貌，以及《兰亭序》所述情形有几分神似。此景于崎岖不平的山石上建亭，蜿蜒的溪流直接从亭内穿过，景观效果远胜其他宫苑中高度人工化的“流杯亭”小渠之景，也更符合《兰亭序》原文潇洒风流的意趣。

同乐园

位于舍卫城东南，是一座皇家大戏园，每年正月及佳辰令节在此演出各种戏曲，是御园节日期间的游乐膳憩中心。皇帝常于此宴赏王公大臣、外藩王公和外国使臣。主建筑清音阁是坐南朝北的三层大戏楼，每面各显三间，南接扮戏楼五间。同乐园殿在戏台之北，是座看戏楼，由前后楼各五间与穿堂楼三间构成“工”字形大楼。看戏时，皇帝坐在楼下殿内，皇太后和后妃则在楼上。

盛时的圆明园，共建戏台数十座，最高最大者正是清音阁。当时每于灯节前后照例要在同乐园举办大型灯戏活动，称为“庆丰图”，一般都要连唱 10 天大戏。乾隆朝，经常特允入觐的外藩王公和外国使臣，于上元和燕九（正月十五和十九）两个夜晚同至山高水长观放烟火，并随至同乐园观看庆丰图。此外，凡逢皇太后、皇帝万寿节时，要在同乐园唱九九大庆之戏，端午和后妃生辰等节令，也要在此演戏一两天、三五天不等。

买卖街

舍卫城南门外有一平面呈“丁”字形的铺面街，是为御园皇家宫市。所谓的皇家宫市，是指皇家园林中的街市。历史上，南朝的“华林苑”，北宋的“艮岳”等都曾有开列茶馆、酒楼，模拟民间市井作为皇家娱乐的场所。此类建筑不仅为娱乐，也是一种造景手段，以特殊的建筑形象结合特殊的地貌，在园林中再现市井景观。舍卫城前买卖街南北长 210 米，东西宽 100 米，主体为南北向，中间有河流过，河上架设双桥，长街由此被分为双桥南街和北街，向北延至舍卫城南则形成基本对称的东西二街，共同组成街市格局。

每当同乐园举办新正庆丰图或演唱庆寿大戏时，这里的买卖铺面就一同开张，热闹异常。买卖街的各行买卖和厨役等，由崇文门监督从外间各肆点选，开店者则由内府太监充任。开市期间，码头上帆船林立，店铺内商品琳琅满目，凡被特允来逛买卖街的王公大臣、外藩王公和外国使臣都竞相购买。午后 3 时左右，执事各官皆行退避，后妃内眷纷纷来此游观、购物，成为难得的乐事。

西峰秀色

位于福海西北不远处，雍正喜欢在此居住。园林布局是以山与水环抱着建筑，中部一片错落有致的院落，南面和西面紧接一组叠山，北面和东面为蜿蜒的河流。

中部偏西处为主建筑含韵斋。含韵斋西邻的一座敞厅，点明了西峰秀色的主题：从敞厅西望，隔水是“小匡庐”，小匡庐由巨石叠成，起伏多姿，山上有高水瀑布，是庐山风景的缩写。两峰耸立间，涧水飞流而下，形成一道瀑布，飞珠溅玉，在阳光下映出道道彩虹，这是西峰秀色的近景，也是它的第一层意境。其第二层意境就是所谓“西窗正对西山启”“池影澄清，遥峰入境”，意指远处的西山群峰。而从敞厅西望时，还能看到大片水田，清帝可于此观稼取乐。敞厅外面是一临水平台，有护栏围护，平台扩大了敞厅的活动范围，每逢七夕，皇家在此设宴“乞巧”，“有彩棚珠盒之盛”。

花港观鱼横跨河面，为一座过河敞厅，模拟杭州西湖同名景意境，于此可在室外凭栏欣赏河里的游鱼。花港观鱼西侧河池中，为长青洲小岛，上有乾隆御题“长青洲”石刻，岛上剑石嶙峋，植有数棵青松，好似一座大盆景。乾隆所谓“三冬百卉凋零尽，依然苍翠惟此翁”即指此。

北远山村

位于圆明园大北门内东侧，是一组模仿田园风光的景点，建

▲ 西峰秀色（圆明园四十景图）

▲ 平湖秋月（圆明园四十景图）

筑参差错落，周围禾畴弥望。沿溪流北岸自东向西依次安排着院落、茅屋、庙宇等，俨然是一个颇具规模的水乡村落。村东有小河南流，穿过围墙水关，与圆明园本部水系相通，打开水关栅门，游船即可往来。

北远山村一带为园内植桑养蚕之地，农夫、蚕妇在此作业。乾隆时，北远山村北侧还建有若帆之阁、耕云堂等景观；嘉庆时，北远山村局部改建成课农轩大殿。若帆之阁北倚圆明园内墙，为一座二层的楼阁，朝北的一面设外廊、栏杆，可凭栏眺望。楼阁坐北面南而顾盼东西，依山傍水又居高临下。因临溪而筑，犹如漂浮在水上的船只，故命名为若帆之阁。乾隆的“高阁筑溪上，因之号若帆”诗句，即指此。耕云堂在若帆之阁稍东，筑于假山之巅，由此可见北墙外农夫耕耘忙碌的情景，是皇帝登高阅视园外农稼之处。乾隆诗云：“山堂近北墙，俯视见墙外。耕耘忙农夫，水田横一带。”

平湖秋月

位于福海北岸，境仿杭州西湖同名景，为秋夜赏月佳处。主要由一组散布的临水建筑组成，核心建筑平湖秋月为南向三间三卷大殿。初建时，前为临水敞榭三间，后为正殿三间，嘉庆时予以改建。平湖秋月殿东有一倚山高台的四方重檐亭——两峰插云，亦取杭州西湖同名景，为重阳登高之处。山水乐，在两峰插云东南。

君子轩，在山水乐之东偏北。

每逢清风徐徐的秋夜，此处湖平如镜、月光如昼、桂花飘香，轻盈、典雅的建筑与湖面、花木、皓月、倒影，融洽协调地组成娴静优美的图画。当平眺福海广阔的水景时，亦可领略“水底沉明月，水上明月浮”“万顷湖平长似镜，四时月好最宜秋”的意境。无怪乎乾隆要说：“倚山面湖，竹树蒙密，左右支板桥以通步屧。湖可数十顷，当秋深月皎，潋滟波光，接天无际。苏公堤（杭州西湖苏堤）畔，差足方兹胜概。”

蓬岛瑶台

建自雍正初年，时称蓬莱洲。传说中的蓬莱一直是帝王们追求人间仙境、长生不老的幻想境界。雍正命人在福海中央用嶙峋巨石堆砌成三岛，中间是主岛，两边各有一座小岛，写意传说中的东海三仙山，并在岛上建造殿阁亭台。乾隆曰：“福海中作大小三岛，仿李思训画意，为仙山楼阁之状。”李思训是唐代山水画家，被称为中国古代山水画的北宗，他开创了金碧青绿山水画风。蓬岛瑶台是李思训代表作《仙山楼阁图》的再现。

蓬岛瑶台是福海的视觉中心，其设计考虑的是从福海四岸观看的效果，这里的一池三山表现为由西北至东南走向的斜向布置，而福海的形状基本为正方形，因此布局照顾了各个方向的观众。三个小岛有主有次，建筑多在中岛上。景点的造型同福海的整体

▲ 蓬岛瑶台（圆明园四十景图）

▲ 方壶胜境（圆明园四十景图）

环境非常协调，没有追求高峻的效果，而是以恬淡的园林景致通过水面的距离感来表现其可望而不可即的缥缈境界。

方壶胜境

位于福海东北海湾内，取材于道家“仙山琼阁”意境。亭台楼阁，高低错落，三面环水。每当云雾缭绕，便时隐时现，好似瀛洲仙境。主建筑是对称布置、前后两组的殿堂，上覆黄色琉璃瓦，倒映于水面上，犹如琼楼玉宇般壮观。前部的三座重檐大亭及白石崇基，呈倒“山”字形伸入湖中，宏伟辉煌，具有东海三仙山的寓意。

本景建筑采用严格对称布局，由一条明显的中轴线串联着南北两个群组。北面的一组共有六栋两层楼阁，通过游廊联系，围合成一个封闭空间，整体坐落在高出地面三米左右的平台上。南面的一组，建在汉白玉台基上，正南向湖中突出了三座重檐方亭，其中东西两亭有游廊与主要楼宇方壶胜境相接，游廊上部是楼台，与后者的第二层相通。整个建筑群均为琉璃瓦覆顶，金碧辉煌。尤其是南面的一组，在阳光照耀下，借助于湖面倒影，倍加灿烂。南部水面是面临福海东北的一个内湖，并与福海的大水面之间有一座可开启的吊桥作示意性的分隔。当桥开启，大的龙舟可由福海进入内湖，直达突出湖中的迎薰亭。当透过桥洞远望福海中心的蓬岛瑶台时，更会产生漫游仙境之感。

方壶胜境西侧有造型与颐和园玉带桥相仿的“湧金桥”。桥之南为三间临水敞厅。从方壶胜境南湖上驾舟穿过湧金桥即可进入三潭印月所在水面。三潭印月位于方壶胜境西部山水间，于河池中竖立三座砖塔，写意三潭，略仿杭州西湖三潭印月意境。此处环境幽静、秀美，令人心旷神怡。

含经堂

位于长春园中心地带的岛上，乾隆十二年（1747）基本建成，乾隆三十五年（1770）有大规模改建和增建，使之成为一处大型园中园，以备乾隆日后归政“娱老”。嘉庆十九年（1814），又添盖戏台、扮戏房，改建看戏殿。本景是长春园最大的建筑群，设有广场、牌楼、毡帐、宫门、影壁、垂花门、大型宫殿、小型斋室、看戏殿、扮戏房、戏台、敞厅、回廊、亭榭、假山及买卖街等各类景观。建筑布局为一座坐北朝南的长方形大院落，四周围砌宫墙，建筑群可划分为中、东、西三路。中轴线主要由含经堂、淳化轩、蕴真斋三组建筑构成，中轴东西两侧另有两串建筑庭院相衬托，东侧还有一条买卖街。中路建筑宏伟、庄重；东、西两路建筑规模体量略小，布局和结构却富于变化，尤以西路最为明显。

含经堂为重檐琉璃大殿七间，前有宫门五间，宫门东西外侧另设垂花门，门内均有影壁。宫门外阶下为广场，围以宫墙，正南和东西两侧各建一座四柱琉璃牌楼。广场为清帝设武帐宴赏外使之地，搭盖有蒙古包5座，居中者为一大型帐殿，直径逾22米。梵香楼居含经堂西配殿外侧，是一座两层转角佛楼，上下各13间。霞翥楼与梵香楼东西对称，是一座藏书楼，乾隆朝编纂《四库全书》时，另编有12000卷的《四库全书荟要》两部，其中的一部即贮藏于此。

淳化轩专为收藏《钦定重刻淳化阁帖》而建。乾隆三十五年（1770）建成，由于事起重刻《淳化阁帖》，故以帖名轩。《淳化阁帖》是北宋的一部著名法帖，主要包括王羲之、王献之、柳公权等99人的墨迹，被誉为诸帖之祖。乾隆经悉心搜集，得到《淳化阁帖》的初拓赐本，命内廷翰林精审更定后，选能工巧匠钩摹上石，用三年多的时间把《淳化阁帖》摹刻在淳化轩前的青白石中，共成帖版144块。淳化轩前东西回廊的前檐槛窗镶嵌乾隆《钦定重刻淳化阁帖》石刻，左右廊各12间，每间砌石帖版6块。石砌版刻成后，原帖珍藏在淳化轩。

蕴真斋，原在含经堂紧北，增建淳化轩时，移建此斋于稍北。蕴真斋、淳化轩东侧有乐奏钧天戏台、神心妙达看戏殿及扮戏房等建筑，再外侧有买卖街、明漪潇照亭等建筑。蕴真斋、淳化轩西北两侧尚有三友轩、静莲斋、待月楼、理心楼、涵光室、澄波夕照、得胜概等建筑。三友轩位于叠石丛中，因栽植松、竹、梅，故名。

▲ 含经堂遗址考古挖掘现场

海岳开襟

位于含经堂西侧湖心，居两层圆形石台之上。下层圆台四面各设码头，可乘船往来。正中殿宇为三重檐的亭式方楼，下层四面各显五间，中层、上层四面各显三间。上中下三层四周都有围廊环绕。方楼顶部为四脊攒尖顶，上铺黄色琉璃瓦，壮丽高敞，为登高望远之佳处。方楼东西各有重檐三间配殿一座，前后各有正殿五间、前接三间抱厦的歇山卷棚式殿宇一座。海岳开襟耸立在湖面两层圆台上，下层直径近 80 米，上层直径近 70 米，周边用白石砌齐，并护以汉白玉栏杆，形式与天坛祈年殿基座或圜丘相近。华丽的建筑群既像被托于玉盘之上，又像漂浮于云水之间，远望如海市蜃楼，近睹如登仙界。

海岳开襟东西两侧河外，建有多处点景建筑。流香渚位于海岳开襟水面西岸，为高台重檐四方亭，临水亦设码头，是从圆明园进入长春园后泛湖放舟之处。半月台，在海岳开襟东岸，是赏月之处。

狮子林

位于长春园东北部，由东西两部分组成。西部于乾隆十二年（1747）建成，主体是一组轴线对称的临水建筑。正殿名“琴清斋”，后殿名“丛芳榭”，整组建筑的南部为三座插入水中的临水敞厅，以“漾月亭”为中心，整个格局呈倒“山”字形。东部园林则是在20余年后，由“吴工肖堆塑，燕工营位置”，仿苏州狮子林添建的。

▲ 海岳开襟圆坛残部（中国营造学社摄于20世纪30年代）

乾隆二十二年、二十七年和三十年，乾隆三次南巡时均曾前往狮子林参观，并令苏州织造将狮子林全图及烫样送京呈览，以便仿建时参考。长春园狮子林建成不久，乾隆又在承德避暑山庄仿建了狮子林，从而形成京都、塞北与江南三座狮子林鼎足而立的局面。

狮子林既有皇家园林的气魄，又不乏苏州园林的灵秀，其设计别具匠心。西部以一组临水建筑为主体，坐北朝南，面向深广的水面，显得舒展明快。东部以山景为主，建筑体量较小，配合水池、山洞、蹬道、峰石、藤架和爬山廊，安排了占峰亭、探真书屋、纳景堂、延景楼等建筑。这些临水建筑和山景，既是狮子林的特色，又自然融入了整个长春园的景观，一扫苏州狮子林囿于围墙之内，沉闷、封闭、局促而缺少天然佳致的印象。尽管避暑山庄狮子林的石景很突出，建筑形制规模也与长春园狮子林相近，但因偏处一隅，尤其正面没有留下任何前景，布局稍显局促，不如长春园狮子林坐北朝南，后倚青山，前临湖面，山水形胜俱佳的精心布置。

正觉寺

位于绮春园宫门之西，与绮春园既有后门相通，又单设南门，独成格局。正觉寺虽是圆明园众多寺庙中的一个，但在各个寺庙中，其僧侣大多由太监充任，唯有正觉寺从落成起，即由喇嘛经管，因而俗称喇嘛庙。非念经时间，正觉寺的喇嘛不准进入园内，

▲ 正觉寺山门

▲ 正觉寺三圣殿（新修复）

只能在寺内礼佛、拈香、念经。

正觉寺山门三间，门外檐悬乾隆御书汉、满、藏、蒙四种文字合璧的石刻匾额“正觉寺”。山门坐北朝南，山门内左右列钟鼓楼，楼前设旗杆一对。寺内中轴线上的主要建筑自南向北依次为天王殿、三圣殿、文殊亭、最上楼。天王殿五间，位于山门后。三圣殿为正殿七间，殿里供奉着西方三圣，中央供奉的是西方极乐世界的教主阿弥陀佛（无量寿佛），两侧是观世音菩萨和大势至菩萨。文殊亭为八方重檐亭。最上楼为后楼七间，供佛五尊，楼东西各有三间顺山殿。最上楼、三圣殿前各有东西配殿五间，周围之廊房则为喇嘛住所。

涵秋馆

位于绮春园东湖西侧，是该园春夏秋冬四季景观之一。平面为一南北长岛，种植了多种植物和乔木，尤其是大片的枫叶，秋高气爽、枫叶透红时格外引人注目。主体建筑涵秋馆居北部，为南向七间双“工”字形大殿，大殿中间为叠石喷泉，殿东墙外设高台蓄水池供喷泉用水。

仙人承露台位于涵秋馆东山外侧，面东矗立，前临绮春园东湖。于山石丛中建高台，上竖铜铸托盘仙人，寓意承接天降甘露。据传汉武帝刘彻妄想长生不老，听说将天降甘露与玉石碎屑拌而食之，便可止住阴气，永生阳气，长生不老，于是在

▲ 涵秋馆仙人承露台

建章宫建一仙人承露台。嘉庆在此予以仿建，作为点景之物，并寄托长寿之愿。

三、西洋风景

长春园最北部有一区欧式园林，俗称“西洋楼”。包括西式建筑、大型喷泉、若干小喷泉以及园林小品等，沿着北墙呈带状分布。由谐奇趣、黄花阵、养雀笼、方外观、五竹亭、海晏堂、远瀛观、大水法、观水法、线法山、方河、线法画等十余个景观组成，总面积约 7 公顷。始建于乾隆十二年（1747），乾隆二十四年（1759）基本建成，由供奉清廷的西洋传教士郎世宁、蒋友仁、王致诚、艾启蒙等设计和指导，最后由中国匠师建造。

西洋楼的设计并没有单纯模仿和照搬欧式风格，而是汲取中式园林元素，进行了中西结合的尝试。设计者根据西方建筑特点进行设计，再按照乾隆的喜好和意图进行修改，最后由中国匠人进行施工。西洋楼以建筑及喷泉作为主要内容，采用规则的几何形构图，建筑形式具有欧洲文艺复兴后期“巴洛克”风格，造园形式具有“勒诺特”风格。尽管西洋楼面积只占圆明园的五十分之一，更多意义上属于局部的点缀，但它的出现满足了清帝的猎奇心理，丰富了圆明园景观和文化的内涵，为其增添了异域色彩，使“万园之园”的赞誉更加实至名归。西洋楼是中国大规模仿建欧式园林和建筑的一次成功尝试，在世界园林史及东西方文化交流史上具有重要地位。

海晏堂

由正楼、“工”字蓄水楼及周边喷泉群组成，是西洋楼景区最大的一座建筑。正楼朝西，楼门前左右有弧形叠落石阶数十级，环抱楼下喷泉池。池略呈菱形，池中心有座圆形铜喷水塔。喷泉池的东沿正中高耸一尊巨型石雕贝壳形番花，内安涡轮喷水机。石贝壳前下方八字形高台上，分列十二只人身兽头铜质雕像，南边从内向外依次为鼠、虎、龙、马、猴、狗，北边依次为牛、兔、蛇、羊、鸡、猪，这就是俗称“水力钟”的十二生肖喷泉。这里十二生肖取代了西式园林常用的裸体雕像，体现了中西建筑与文化的交融。

海晏堂后的平台楼，建筑平面为“工”字形，是附近喷泉群的供水楼。工字楼两端房内装提水机械，各有三开间小屋突出于屋顶平台上。中段是蓄水楼，下边是一座大型海墁高台，为实心灰土基础，台上是可蓄水 160 多立方米的大型蓄水池，其内壁包锡箔以防渗漏，俗称锡海。工字楼东部有四折盘旋石阶可直通至主体建筑的屋顶平台。水从北侧暗沟导入东西楼下地沟内，并输入至楼顶池内，尔后再用铜管输水至各喷泉机关。

▲ 海晏堂（铜版画）

▲ 大水法（铜版画）

大水法

位于海晏堂东侧，居西洋楼中心部位，即长春园南北轴线与西洋楼景区东西轴线交会处。自北向南由高台大殿远瀛观与台前大水法喷泉群及观水法形成一条南北轴线，这条轴线也成为长春园本部主轴的延长线。

远瀛观为南向五开间西洋钟楼式大殿，平面呈倒“凹”字形，中间三间开三个门。正中大门为圆罩石券大门，门外有一对石狮。汉白玉门柱上饰有精美的雕刻。两次间亦为石券门，东西侧廊前设石券花窗，殿的东西北三面亦各设石券花窗，殿后还有一座券门。三间明殿为两层檐庑殿顶，上铺蓝色琉璃瓦。中券上方为圆形钟刻百锦窗，东西侧廊则为双层檐钟刻亭式楼顶，亭四面皆显白玉石券口窗。远瀛观的门窗皆镶安玻璃，十余根高大石柱皆为优质汉白玉，尤其中券两侧的巨柱通身满刻下垂式葡萄花纹，刻工精良，活泼如生。门前是青砖铺就的小广场，广场边缘为玉石栏杆，广场南缘有左右弧形石阶环抱台前大水法喷泉。远瀛观本身的体量并不大，但由于建在方形石台上，显得气势不凡。乾隆五十八年，英国国王给乾隆的寿礼，在正大光明殿呈览之后，其中最重要的天体运行仪即被移至此处展陈。

大水法是西洋楼景区最大的一组喷泉，主建筑为巨型石龛式，中券下有狮子头喷水，沿着七级水盘形成瀑布。前下方为椭圆形菊花式喷泉池，池中心有一只铜梅花鹿，从鹿角喷出水柱八道，

▲ 远瀛观正面铜版图（乾隆五十一年）

▲ 观水法（铜版画）

两侧散布10只铜狗，东西两端又各有一只卷尾铜兽，均作逐鹿之状，从口中喷水直射鹿身溅起层层水花，因此又俗称“猎狗逐鹿”喷泉。大水法的左右前方各有水池分布，其上东西对称布置两个大型西式方形13级喷水塔，该塔由汉白玉雕砌，从塔顶喷出水瀑，层层喷水，随塔身溅入池中。塔四周还有44根大小铜管皆一齐喷水，蔚为壮观。当大水法所有的喷泉全部开放的时候，可声传数里，观者互相讲话都须打手势。大水法菊花式喷水池前还对称配植了一对经过修剪的松树，松树枝叶被修剪成9段，是为“线法松”。这种修剪成型的乔木是欧式园林的重要内容。

观水法为清帝观赏喷泉之处，位于大水法对面，于平台上设宝座，宝座极为特殊，一改坐北朝南的传统，而是坐南朝北，这是为让皇帝观看喷泉时避开阳光刺激眼睛的精心布置。宝座后面是由五件石雕并列而成的大型石屏风，分别雕刻西洋军旗、甲胄、刀剑、枪炮图案。围屏东西侧各列汉白玉方塔一座，再向外侧各有一座“巴洛可”式西洋门。宝座两侧都有绿篱，绿篱后即长春园本部围墙。绿篱、围墙均有门，由此可拾级登临南面的泽兰堂。

圆明园在思想意识上渲染皇帝至高无上的地位，不仅象征皇权，而且功能齐全，集政务、外交、居住、娱乐、游赏、宗教等多种功能于一体。

第三章　文化大观

▲ 杏花春馆（圆明园四十景图）

一、园林文化

“中国古代上至帝王，下至有一定资财的平民百姓，都以园居为时尚。他们在园中听政、射猎、宴饮、听歌观舞、品茶习武、游戏取乐、著书立说，叠石开池、莳花养鸟、构亭立阁，久而久之，便形成了蕴含无比丰富的园林文化。”园林是中国文化的一种象征，是中国文化的重要载体。作家曹聚仁在《吴侬软语说苏州》中说：“东方文化，当于园林求之。”这是很有见地的。

（一）造园理念

师法自然。中国古典园林最主要的艺术表现手法就是本于自然而又高于自然。中国造园艺术从一开始就视自然为师为友，师法自然、融于自然、顺应自然、表现自然——这是中国园林体现“天人合一”境界的理想手段，这就要求园林的总体布局及要素组合要合乎自然。山、水及其相互关系要符合自然界山水生成的客观规律，如假山峰峦是由许多小的石料拼叠合成，叠砌时要仿天然岩石的纹脉，尽量减少人工拼叠的痕迹；水池常作自然曲折、高下起伏状；花木布置应是疏密相间，形态天然；乔灌木也错杂相间，追求天然野趣。山、水、植物乃是构成自然风景的基本要素。但中国古典园林绝非一般地利用或简单地模仿这些构景要素的原始状态，而是有意识地采用改造、调整、加工等艺术化的手段进行再创造，从而表现一个精练概括的自然、典型化的园林。圆明园是中国古典园林的登峰之作，在师法自然的过程中，追求“天人合一”的境界，取得了极高的文化艺术效果。

营造意境。意境是中国古典园林所追求的最高艺术境界。园林的山水、植物、建筑和它们组成的空间，不仅是一种物质环境，也是一种精神环境，即一种能给予人们思想感悟的环境。圆明园通过不同手法创造了多种意境空间，最为主要的大体可分为三种，即治世境界、神仙境界和自然境界。“儒学讲求实际，有高度的社会意识，关心社会生活、人间关系，重视道德、伦理价值和治理国家的政治意义，他们是古代社会中治世的一派，多为当政者或准当政者。这种思想反映到园林造景上就是治世境界。老庄讲求自然恬淡和凝练人的内在生命。他们大多是古代社会中的在野一派，以静观、直觉、浪漫为审美观，艺术上表现为自然境界。佛、道两教追求幻想的天国仙境，园林造景上反映为神仙境界。”[1]

突出皇权。皇家园林是为皇室服务，并按皇权文化特定的文化指向，规划其规模，建造其景象，实现其功能。圆明园是帝王生活环境的重要组成部分，在园林结构上保持着皇家尊严的本色，分区较为明确，由处理政务的宫殿区、生活区和游览区组成。宫殿区和生活区平面布局严整，构图近乎宫殿式。园林中有轴线对称，保持皇家规制，主体景观正大光明及九洲清晏突出鲜明，并被作为构图中心统率全园。整体规划布局反映着“普天之下，莫非王土；率土之滨，莫非王臣”的王天下思想和“移天缩地在君怀”的“君临天下”思想。圆明园在思想意识上渲染皇帝至高无上的地位，不仅象征皇权，而且功能齐全，集政务、外交、居住、娱乐、游赏、宗教等多种功能于一体。

注重实用。一定意义而言，园林是人类为了生存和生存得更好而开辟或营建的与自然联系、生活必需并寄托心灵境界的空间。清帝极为注重园居环境的舒适、方便与实用。如出入贤良门东罩门为各衙门凌晨呈递奏折之处，俗称奏事门，这里离正大光明殿、勤政亲贤殿及各部院衙门值房距离都不远，便于清帝就近处理有关政务。正大光明殿南侧为各部院衙门办公场所，东侧为日常处理政务的勤政亲贤殿，北侧隔前湖与寝宫区九洲清晏相望，西侧

[1] 中国圆明园学会主编:《圆明园5》，中国建筑工业出版社2007年版，第115页。

为太后经常居住的长春仙馆，这种“十”字形的布局方式十分便于清帝的园居生活。皇子读书的上书房、宫廷艺术家工作的如意馆都位于洞天深处景区，离清帝居住的九洲清晏和办公的勤政亲贤殿都不远，便于皇帝就近观摩和指导。另外，园内各处都有清帝的临时寝宫，西洋楼景区也有重要建筑如远瀛观、海晏堂、方外观和谐奇趣等，但由于西式建筑不适于皇家起居，所以一般只作为观赏性的景观，而不在此设置寝宫。长春园澹怀堂大殿设有较为完善的地下排水系统，这里有东、西两条南北向主排水道和呈东西方向的几条作对称布局的分支排水道，便于及时排水，这也是实用化的精心设置。

（二）造景取材

模拟各地风景名胜。福海模拟杭州西湖，其布局立意与西湖有异曲同工之妙，并在沿岸特意借鉴和模拟了西湖的景观。福海开拓于雍正朝，雍正在位期间虽没有南巡过，但他在皇子时期曾护驾南巡，亲身领略过西湖之美。所以在建园时，就以西湖为蓝本，进行写意模拟。仅在福海周边就精心布置了平湖秋月、两峰插云、雷峰夕照、曲院风荷、南屏晚钟五处与西湖十景同名景观。西峰秀色“小匡庐”，山体主要由巨石叠成，起伏多姿，并设有高水瀑布，是庐山风景的缩写。紫碧山房为全园最高的堆山，模拟于西北的昆仑山。上下天光“垂虹驾湖，蜿蜒百尺……凌空俯瞰，一碧万顷，不啻胸吞云梦”，是取法于云梦之泽。

仿建各地特色园林。仿建各地的园林景观并加以变异，这是丰富圆明园园林文化，增添园林美景的有效手段，圆明园就是融糅各地园林艺术的杰作。特别是清帝多方吸取江南园林的布局、结构、风韵、情趣之长，极大地丰富了这座皇家御苑的艺术风貌。无锡的寄畅园、宁波的天一阁、嘉兴的烟雨楼、绍兴的兰亭、盘山的云林石室、扬州的趣园、江苏清江浦的河神庙、保定的古莲池等，都在园内得到艺术再现。安澜园、小有天园、狮子林、如园分别模仿海宁陈氏隅园、杭州汪氏园、苏州狮子林、南京瞻园而建，所谓“行所流连赏四园，画师仿写开双境”即指此而言。乾隆对其园林仿建成果非常满意，曾骄傲地说：“何必更羡吴江？”不再想念江南了，因为他不可思议地把许多漂亮的江南风光转移到他的皇家园林里了，有的甚至更胜一筹，正如王闿运所言，“谁道江南风景佳，移天缩地在君怀”。

借用前人诗画意境。圆明园融诗书画于一体，以诗境、画意来规划和设计景观，使园林空间成为诗书画艺术的载体。其造景取材与诗词书画有着极为密切的关系，给人以诗情画意的美感。圆明园巧妙再现和融会前人诗情画意的艺术特色，仅从一些景点的名称中，就可以概见一斑。如“上下天光”“杏花春馆”“武陵春色”“澹泊宁静”等，其名称出处和意境大多耳熟能详。如北远山村和唐代诗人、画家王维的田园诗以及《辋川图》有直接关联，乾隆在诗中也曾清楚地写明了该景的构思来源。

建设佛教功能景观。佛教文化是圆明园文化不可分割的组成部分，佛教建筑在圆明园中多有存在。清代统治者推崇佛教一方面是出于对边疆少数民族的笼络，稳定边陲局势，维护国家统一的需要；另一方面也蕴含真诚的宗教信仰因素在内，这种皇家所提倡的双重意义上的佛教意识在圆明园表现得十分明显。藏传佛教在清代尤其得到统治者的重视和支持。清帝为实现其“合内外之心，成巩固之业”的政治理想，顺应蒙、藏等少数民族信奉藏传佛教的习俗，采用“因其教不易其俗”和“以俗为治”的措施，兴建了风格各异的寺庙，旨在通过“深仁厚泽”达到“柔远能迩”，而佛教本身的宗教内涵也使之成为皇家必需的信仰崇拜。

象征道教仙山楼阁。秦始皇建兰池宫并筑蓬莱山，汉武帝在建章宫太液池筑蓬莱、方丈、瀛洲三岛，开“一池三山”模式之先河。“一池三山”在圆明园也得到继承和展现。借用“一池三山”模式，使园境超越“尘世”，走进“仙境”，是圆明园的匠心之举。福海在雍正朝命名之前俗称东湖，经进一步开拓才有后来的规模。明明是湖却被命名为“海”，这与家喻户晓的传说有很大关系。相传，东海中有三座仙山，山上有仙人居住，还有长生不老之药。秦始皇曾派徐福率数千名童男童女前往寻访，福海的命名及蓬岛瑶台的景观设置正是取“徐福海中求”“三神山”的寓意，以求皇帝长生不老，大清帝国江山永固。“一池三山”的造园诸匠也强化了福海的仙境色彩。此外，方壶胜境倒“山”字形的建筑布局，同样也是“一池三山”的变体，意在营造别样的仙山楼阁境界。

营造植物主题景观。运用植物造景，突出植物的形象及寓意，是圆明园的一个重要特色，如牡丹台、竹子院、梧桐院、玉兰堂、杏花村、桃花坞等。尤其以荷为造景主题的景点最多，如天然图画竹深荷净，廓然大公芰荷深处，莲花馆观莲所，含经堂静莲斋等。多稼如云芰荷香殿前为大片荷池，并有一座莲花四方亭，是盛夏赏荷的最佳处所。乾隆多次侍奉皇太后在此进膳、观荷。濂溪乐处有荷香亭及荷香书屋，乾隆御制《濂溪乐处》诗序曰：“苑中菡萏甚多，此处特盛。小殿数楹，流水周环于其下。每月凉暑夕，风爽秋初，净绿粉红，动香不已。想西湖十里野水苍茫，无此端严清丽也。”

设置田园风光景观。皇家园林的风格一般巍峨壮观、金碧辉煌，缺少质朴自然的田园生态境界。因此，优秀的规划设计常运用田园风光在皇家园林营造一些别致景观。从审美的视角看，这种平凡朴远的田园风亦即乾隆所谓的“田家风味”，对于皇家园林来说是一种有效的自我调节。在富丽堂皇的宫苑中，适当杂以田园风光，具有以“质朴济富丽”的审美功能。圆明园有不少以田园农家风景为观赏主题的景观，如杏花春馆中有杏花村、菜圃等村落景象，其他小景陪衬也均围绕这一主题，远近景色呈现一派田间风光。北远山村是坐落在一片稻田中的村舍，建筑题名均与农事有关，田园意味也很浓郁。

（三）匾额楹联

圆明园将传统思想文化的内涵与意境，体现到建筑、山石、水体和植物的精致组合中，然后通过匾额楹联和御制诗文加以解读，从而突出主题、渲染意境，使之不断得到强化。楹联匾额及石刻丰富了圆明园的文化韵味，显示了皇家气派和帝王风范。其内容可概括为：表述景观主题、彰显道德崇尚、抒发意蕴文采、援引典故源流、倡导风雅教化、暗合使用功能等。它们使景观内涵更趋饱和丰满，也使景观中的建筑形象更趋亲切。

圆明园的景名创意包含传统思想的丰富内涵，仅从圆明园单体建筑之一——楼的命名就可见一斑。园内的数十座楼宇，不仅名称各异，而且各具韵味，如引见楼、聚远楼、曙光楼、富春楼、鉴光楼、山色湖光共一楼、宝云楼、远风楼、爱山楼、纳翠楼、翠扶楼、景晖楼、澄素楼、霁华楼、延藻楼、片云楼、山影楼、引凉小楼、松云楼、旷然楼、粹藻楼、澄景楼、清旷楼、华照楼、晴望楼、明漪楼、芳晖楼、披襟楼、理心楼、法源楼、霞翥楼、眺吟楼、问月楼、含光楼、涵月楼、含碧楼、含辉楼、烟雨楼、烟月清真楼、畅襟楼、澄练楼、藏密楼、染霞楼、碧云楼、眺爽楼、待月楼、抱清楼、对云楼、对畴楼、倬云楼、互妙楼、涉趣楼、稻凉楼、天真可佳楼、影山楼、临湖楼、湛景楼、延景楼、梵香楼、琼华楼、四佳楼、竹邁楼、栖云楼、凝香楼、凝眺楼、安止楼、锦绮楼、翡翠楼、紫霞楼、寻云楼、时登楼、最上楼等。即便是西洋景点的命名也脱不开传统文化的渗透，如谐奇趣、海晏堂和远瀛观，其寓意仍是传统的天下和谐与太平之意。

中国园林中的景观题名，颇多四时皆备，体现出“与天地合其德”“与四时合其序”的美。圆明园对于四时季相也力求全备。见之于景点题名的有春雨轩、敷春堂、春泽斋、清夏堂、涵秋馆、生冬室等，还有四宜书屋，它力求适应四时最佳季相及其转换，力求将流动的四时交感于一个审美空间。

圆明园还有些景点是清帝醉心于佛、道，按照佛、道思想而命名的，如淳化轩的理心楼，宝相寺的观大圆境，法慧寺的福佑大千，茜园的太虚室等。而根据使用功能直接命名的也有一些景点，如勤政殿因清帝处理政务而命名，淳化轩因储存《淳化阁帖》而命名，养雀笼因用于饲养孔雀等珍稀禽鸟而命名。此外，圆明园景点命名别具特色，且文化内涵丰富的方式尚有以下几种。

借用他名。如借用西湖十景中的平湖秋月、雷峰夕照、南屏晚钟、三潭印月、两峰插云、曲院风荷、柳浪闻莺、苏堤春晓、断桥残雪、花港观鱼。借用狮子林、小有天园、安澜园、惠济祠、河神庙等同名景，以及神话传说中的地名如凤麟洲等。宋代大儒周敦颐筑园濂溪，被黄庭坚称为“人品甚高，胸中洒落，如光风霁月。好读书，雅意林壑”（《濂溪诗》），显而易见，圆明园的濂溪乐处借用于此。舍卫城本是佛教圣地，原为古印度桥萨罗国都城，传说释迦牟尼曾在那里弘扬佛法 25 年，因此舍卫城之名也就有了超越地名的意义，成为佛教文化的象征，圆明园佛城即以舍卫城命名。“清閟阁”阁名借用自倪瓒（云林）藏书楼之名。“清夏堂”堂名借用自南宋张镃私园同名景。“澄心堂纸”为书画纸精品，南唐后主李煜视其为珍宝，赞其为“纸中之王”，并特辟自己平时宴居、读书、阅览奏章的“澄心堂”来贮藏它，绮春园“澄心堂”命名即由此而来。

借鉴诗画。圆明园有不少景观模拟了传统诗画的意趣，其中武陵春色、夹镜鸣琴、蓬岛瑶台等可算是这类景致的代表，其命名也是渊源有自。上下天光景名取自范仲淹《岳阳楼记》“上下天光，一碧万顷”句。杏花春馆景名取自晚唐诗人杜牧《清明绝句》。鱼跃鸢飞景名来源于《诗经·大雅·旱麓》中的“鸢飞戾天，鱼跃于渊”。“清晖阁”之“清晖”二字出自南朝谢灵运的诗句“山水合清晖”，意指清新的阳光。“聚远楼”取自苏轼“赖有高楼能聚远，一时收拾付闲人”之句。“深柳读书堂”因唐代诗人刘慎“闲门向山路，深柳读书堂”而得名。海晏堂景名来自唐代郑锡《日中有王字赋》中“河清海晏，时和岁丰”之句。绮春园天心水面景名来自宋代理学宗师邵雍描写自己园林的著名诗句，即《清夜吟》中所说：“月到天心处，风来水面时。一样清意味，料得少人知。”蓬岛瑶台是唐代李思训代表作《仙山楼阁图》的再现。北远山村不仅模拟唐代王维辋川别业及《辋川图》，而且该景“水村图”的景名还取自《石渠宝笈》藏赵孟頫之《水村图》。

隐喻伦理。圆明园有不少景点题名运用象征和寓意的方式来宣扬有利于封建统治的意识形态，宣传儒家的哲言、伦理和道德观念。如正大光明、勤政亲贤、坦坦荡荡、茹古涵今，汇芳书院、廓然大公、涵虚朗鉴、澡身浴德、澹泊宁静、奉三无私等。廓然大公出自程颢《论定性书》之“君子之学，莫若廓然大公，物来而顺应”。奉三无私出自《礼记》之“天无私覆，地无私载，日月无私照，奉斯三者以劳天下，此之谓三无私”。坦坦荡荡景名取《易经》“履道坦坦”与《尚书》“王道荡荡”之意。茹古涵今出自唐代皇甫湜《皇甫持正文集》“茹古涵今，无有端涯”。山高水长出自范仲淹《严先生祠堂记》“云山苍苍，江水泱泱，先生之风，山高水长”。澹泊宁静出自扬雄《长杨赋》“人君以澹泊为德”，以及诸葛亮《诫子书》“非淡泊无以明志，非宁静无以致远”。抱朴草堂出自《老子》中“见素抱朴，少私寡欲”句。圆明园同乐园、长春园众乐亭出自孟子“独乐乐，不如与人乐乐。与少乐乐，不如与众乐乐”。乐善堂出自《孟子注疏》中“乐取于人以为善”句。涵虚朗鉴出自唐代无名氏《水镜赋》“利济者水，涵虚者镜，怀朗鉴，遇物无心，处下流，通而不竞”，以及《庄子》“人莫鉴于流水，而鉴于止水。止水静朗，故利于鉴”。这些题名多引经据典，鲜明地凸显了道德标榜和修身养性之意。

引用典故。圆明园有一些景点命名是援引自广为人知的典故和寓言故事，如“鱼乐”的典故源于古代哲学家庄子的思想。坦坦荡荡知鱼亭之“知鱼”题名点出庄子与惠子在观鱼时充满哲理的对答。庄子《秋水篇》记载，庄子与惠子一同在濠水的桥上游玩，庄子说：“水中的鱼儿游来游去，是多么快乐呀。”惠子说：“你不是鱼，怎么知道它很快乐呢？”庄子说：“你不是我，又怎么会知道我不知道鱼儿很快乐呢？”庄子无为浪漫、逍遥优游的思想对后世影响很大，在园中设观鱼景点也就是攀附庄子那种厌倦人世，与自然息息相通的隐逸思想。知鱼亭直接点明了观鱼和鱼乐主题，同时，圆明园借由这一文学故事所命名的景点，也丰富了园林文化意蕴，使对园林美的欣赏几近情景交融的境界。此外，武陵春色对陶渊明“桃花源”典故的运用，也同样在造景、点题及意境上让人神往不已。

楹联石刻。盛时圆明园，匾额楹联随处可见。与匾额的言简意赅相比，楹联在揭示园林的景观意蕴、文化渊源与道德追求方面更加深刻和充分。例如，正大光明殿内悬挂雍正御书联曰：心天之心而宵衣旰食；乐民之乐以和性怡情。乾隆御书联曰：遹求宁观成，无远弗届；以对时育物，有那其居。勤政殿悬挂乾隆御书联曰：懋勤特喜书无逸；揽胜还思赋有卷。圆明园殿前檐悬挂康熙御书“圆明园”匾，与之相对应的是雍正藩邸时所书楹联，曰：每对青山绿水会心处，一丘一壑总自天恩浩荡；常从霁月光风怡目时，一草一木莫非帝德高深。该殿又有乾隆御书联曰：恤小民之依，所其无逸；稽古人之德，彰厥有常。奉三无私殿外檐悬“奉三无私”匾，内额为“清虚静泰”，并有乾隆御书联曰：涧泉无操琴，泠然善也；风竹有声画，顾而乐之。宝座楹联也是乾隆御书，曰：所无逸而居，动静适徵仁智；体有常以治，照临并叶清宁。殿内还悬乾隆御书康熙圣训“天下之治乱休咎，皆系人主之一身一心……”以及雍正圣训“敬天法祖，勤政亲贤，爱民择吏，除暴安良……”九洲清晏殿后额曰“蔚然深秀”，有乾隆御书楹联曰：红篆炉烟看气直，绿苞庭竹爱心虚。九洲清晏殿后檐明间贴有雍正御书联曰：天恩春浩荡；文治日光华。天然图画五福堂有雍正御书联曰：欣百物向荣，每识乾坤生意；值万几余暇，长同海宇熙春。

圆明园石刻众多，在遗址上保存至今及散落在外的仍有数十种，涉及狮子林、茜园、花神庙、含经堂、文源阁、水木明瑟、法慧寺、藻园、坐石临流、山高水长、蓬岛瑶台、别有洞天等景。这些石刻可以反映出清代的书法石刻艺术、圆明园的微观形象及当时的政治、经济、文化等多方面情况，也可从中看出清帝在园内的一些活动情形。如现存北京大学的原圆明园花神庙的两块莳花记事碑皆由圆明园总管太监所立，原竖于花圃与花神庙之侧，均为汉白玉质地，碑身雕刻有龙纹图案。这两块碑记载了圆明园内“嫣红姹紫，如锦如霞，露蕊晨开，香苞午绽，吐艳扬芬，四时不绝，阴阳和谐，二十四番风信咸宜，寒燠均调，三百六十日花期竞放”的优美景致，透露出当时园内的花树种植情况。这两块碑的侧面还刻有圆明园花匠头目、园户及首领太监的姓名，由此可知分管园内花木种植与维护的人员在乾隆朝就为数不少。

▲ 狮子林“虹桥”遗址今貌

▲ 圆明园前湖诗碑（现陈北京达园宾馆）

二、宗教文化

（一）宗教空间

自宋代起，陆续有人提倡儒释道三教合一，认为可以“以佛修心，以道养身，以儒治世”。作为圆明园第一主人的雍正赞同三教合一，圆明园造景题材、园林布局与儒释道有密切关联。园林中出现宗教建筑，一方面是由于园林主人对宗教的崇信，另一方面也因为寺庙建筑具有较强的景观效果，有时寺庙可以成为园林的主要景观和风景构图中心，有时也可成为一处清寂的景区，体现出一种超凡出世的意境。非寺观园林中设置富于宗教意味的建筑，并不一定表示园主笃信和潜心于宗教，其主要作用可能更在于对精神生活的适度调剂。此外，清帝一方面重视宗教的教化功能，另一方面也注重发挥宗教信仰在维护民族团结和国家统一上的重要作用。乾隆深知推行宗教利于团结不同民族的信众，即所谓“兴黄教即所以安众蒙古”。由此，御园中的各类神佛殿宇不但给予皇家以精神慰藉，而且对于各类来朝拜的官员、外藩也具有重要意义，因此不分教派、不分神佛，都用来装点这座皇家宫苑。清统治者崇佛信道，圆明三园内宗教建筑种类繁多、形式各异，其突出的特点在于赋予了皇家属性和园林属性。由于这里的信众非同一般，使用对象是太后、皇帝和后妃等，人数不多，这些建筑的殿堂不只供他们朝拜做佛事，也供收藏神像和佛像，如方壶胜境就有佛像2000多尊。舍卫城也是收藏历年各地进贡佛像的场所，数量更以万计。同时，这些建筑皆采用园林化布局，总体不拘泥于轴线、对称等较为严整的手法，相对比较自由随意，功能自由安排、形式自由组合、位置自由选择。但雍正和乾隆两朝的宗教建筑相对又具有不同的特点。除舍卫城外，雍正时期宗教建筑的总体布局比较园林化，没有严格的轴线和工整的院落空间，在命名上也着重表现其景观意境，如日天琳宇、慈云普护和蓬岛瑶台等。乾隆时期的宗教建筑则更接近完整的寺庙宫观格局，如宝相寺、法慧寺、正觉寺等，其命名也直接以寺相称。单纯从建筑形式来看，乾隆添建的安佑宫、方壶胜境就比其他建筑壮观华美。

园内提倡儒家思想观念如“忠孝治国”“尊师重教”等，且具有宗教性质的建筑以鸿慈永祜和洞天深处最具代表性。鸿慈永祜（安佑宫）为御园皇家祖祠，是用来祭祀历代清帝神御之所，性质相当于太庙。安佑宫大殿以黄色琉璃瓦覆顶，是园内规格最高的一组建筑。周围有乔松掩盖，中轴线南端有两对华表，给人以庄严肃穆之感。安佑宫大殿内，最初仅供奉康熙、雍正“圣容”，后又相继供奉乾隆、嘉庆、道光三帝的画像。洞天深处为上书房所在地，也作为皇子的居所使用，这里有俗称为“三天”的皇子书房，即前垂天贶、中天景物、后天不老。这组建筑的东部另有专门供奉孔夫子的圣人堂，堂内至圣先师神龛上悬“斯文在兹”匾额，其联曰：道统集成归至德；圣功养正仰微言。匾额、楹联皆为乾隆御书。

圆明园内寺庙林立，简直成为一座佛教博物馆。佛教景观主要有慈云普护、月地云居、日天琳宇、舍卫城、宝相寺、法慧寺、延寿寺、庄严法界及正觉寺等。至于皇帝和后妃各座寝宫内所设的佛殿、佛堂则为数更多。法慧寺是一座塔庙，庙内有一座下方上圆三层七级五色的琉璃塔，名为多宝琉璃塔，该塔通高22.55米。所谓塔庙，也称浮图寺，它以塔为中心，周围建以殿堂、僧舍，塔中供奉着舍利、佛像等，是寺院的中心建筑。月地云居，建筑别致，内涵特殊，在众多景点中别具异彩，以其个性使圆明园景观更为丰富。乾隆在《月地云居》诗中说：“何分西天东天，倩他装点名园。”这些佛教建筑内供奉的佛像也很多，有观音大士、欢喜佛、文殊菩萨、水月观音、三世佛、弥勒佛、旃檀佛、无量寿佛、释迦佛、开花献佛、三宝佛等。

神仙信仰是道教的基本信仰。道教认为神仙大多居住在天上，但也有的居住在人间。十洲三岛，十大洞天、三十六小洞天和七十二福地，都是神仙栖息的胜境。其中，十洲三岛在四海之中，而“洞天福地”则在陆地之内，多是道教名山或胜境。洞天福地由神仙统辖，是修道之人修身得道之所。圆明园中以道教为主题的景观有蓬岛瑶台、方壶胜境、别有洞天、汇万总春之庙、广育宫、

▲ 法慧寺琉璃塔

惠济祠、河神庙、凤麟洲等。此外，园内还有单个道教建筑数十处，如关帝庙、龙王庙、天神坛、土地祠、雷神殿、吕祖祠、刘猛将军庙等。园内供奉的神仙也是五花八门，如玉皇大帝、碧霞元君、城隍爷、雨师、风神、云师、太岁、龙王、土地神、花神、蚕神、吕祖、河神、妈祖，以及因扑灭蝗虫有功而被封为“刘猛将军”的北宋末猛将刘锜等。道教建筑点缀在青山绿水中，进一步丰富了圆明园的景观内容。最典型的如象征道家仙山琼阁的“蓬岛瑶台”和“方壶胜境”，代表了清帝对神仙世界的追慕和向往。别有洞天山环水抱，环境清幽，有“洞天”的味道，被雍正用来开炉炼丹。凤麟洲是道教传说十洲之一，《十洲记》记载：“凤麟洲在西海之中央，地方一千五百里。洲四面有弱水绕之，鸿毛不浮，不可越也。洲上多凤麟，数万各为群。又有山川池泽，及神药百种，亦多仙家。”圆明园凤麟洲不仅取其仙居之意，更是以其直接命名。“鱼跃鸢飞”“澹泊宁静”“知鱼亭”等景致也体现了道家无为澹泊、逍遥自在的人生态度。

（二）祭祀活动

清帝园居期间，宗教活动不仅丰富多彩，而且很有规律，其拈香拜佛等相关活动多在一些重大节令以及每月的朔望等日。园内专设喇嘛、道士在主要寺观开设道场，梵修念经，还有不少庙宇以太监充当僧人上殿念经。每月的初一和十五，皇帝一般亲自到慈云普护、月地云居、日天琳宇、舍卫城、广育宫等寺庙拜佛。每月的初三和二十七，皇帝也多次到瑞应宫斗坛磕头拜斗（跪拜北斗星）。重要节令的宗教活动主要有每年二月十五的百花生日花朝日，皇帝到花神庙拈香；四月初八浴佛日（释迦牟尼诞辰），舍卫城、松风阁要过皇会，并在月地云居设道场多日，皇帝亲自或遣官前往拈香；四月十八日是碧霞元君的诞辰，皇帝至广育宫拈香；五月十三日关羽诞辰，皇帝至关帝庙拈香；立夏日、立秋日，皇帝至生秋庭供前拈香；七月七日，皇帝至西峰秀色供前拈香；八月十五，皇帝在九洲清晏供前拈香。九洲清晏奉三无私殿为御园祭殿，殿内摆有神供，清帝每年初次临幸圆明园或离园赴承德避暑时，皆先至奉三无私供前磕头。二月初一祭太阳神，亦在奉三无私殿内设供。此外，绮春园惠济祠、河神庙，每年春秋两季都派大臣致祭淮渎龙王神位。凡祭祀典礼，都要演奏规定的中和乐章，由升平署承应，有时还有“寺庙献戏”等项目。

雍正少年时受到严格的教育，奠定了深厚的儒家文化基础，他广阅典籍，兼备儒释道学问，是一位博学而用功的帝王。即位前，就与僧侣交往甚密，彼此讲论佛学，他尊崇藏传佛教，提倡禅宗，自号破尘居士，又称圆明居士。雍正还给皇子弘历取名“长春居士”、弘昼取名“旭日居士”。雍正屡屡鼓吹三教同源，也深知佛教对政治另有妙用，所以不时向弘历等皇子指示禅宗妙谛，弘历稍有心得，他就欣悦地与僧人讲述。雍正对于道教的热衷在有清一代的帝王中绝无仅有，他的重道思想在圆明园得以充分表现和发挥。日天琳宇之“琳宇”指神仙居住之处，日天琳宇设有斗坛，供奉有关帝、玉皇大帝、龙神、雷神等。皇帝至斗坛拜斗，早在雍正时期即成定制，雍正六年就已经在此处添置道徒，修建道场。第二年，雍正谕曰：“朕惟古圣人之制祭祀也。凡山川岳渎之神有功于生民，能为之御灾捍患者，皆载在祀典。”后来，雍正竟在别有洞天炼造仙丹，以求长生，崇道之深可见一斑。

乾隆作为盛世君主，清醒地意识到藏传佛教在蒙藏民众中的影响力，以及利用宗教必须先了解宗教这个道理，所以他十分用心钻研藏传佛教，在学习藏文、研究藏传佛教经典的过程中，对密宗修习产生了浓厚兴趣。乾隆对“兴黄教安众蒙古”之策运用得十分自如，这离不开他对藏传佛教的深刻了解。乾隆时期，每月朔望都安排喇嘛在日天琳宇、月地云居念经。当时慈云普护、舍卫城、永日堂、广育宫、关帝庙、法慧寺、宝相寺等处，都有首领太监充当僧人上殿念经。乾隆三十八年，正觉寺建成后，从香山宝谛寺拨派达喇嘛 1 名、副喇嘛 2 名及小喇嘛 38 名，在该寺梵修念经，因而此寺俗称喇嘛庙。乾隆还令正觉寺喇嘛于每月初一、初八、十三日、十五日、二十三日，在长春园含经堂梵香楼念经 5 次。乾隆二十一年，乾隆在园居住 168 天，有 35 天的时间从事各类宗教活动，其中，除圆明园外，还去了静明园、大

▲ 别有洞天（圆明园四十景图）

觉寺和永宁寺等处，但以园内的活动为主。广育宫供奉碧霞元君，道教对女仙尊称为“元君”，对碧霞元君的全称为“东岳泰山天仙玉女碧霞元君”，俗称泰山娘娘。传说她是东岳大帝的女儿，宋真宗时封为“天仙玉女碧霞元君”，主司妇女生育和护佑儿童长成，还保佑农耕、婚姻、祛病等。在民间，特别是北方盛行信仰碧霞元君。清代，“都人崇奉元君，随方立庙，称为五顶。以四月十八为元君诞辰，旛华结会，繁丽殊常。”“妇人难子者宜以是日乞灵。”山东泰山的碧霞元君庙，清帝每年都要派人前往致祭。广育宫供奉碧霞元君显然也寄托了皇家多子多孙的愿望。清帝住园时，每月初一、十五日皆至广育宫拈香。四月十八日是碧霞元君诞辰，乾隆时期除皇帝和后妃前来瞻拜之外，有时还在该庙附近之聚远楼和福海北岸的松风阁“过皇会”。乾隆二十一年四月十六日，松风阁演会，乾隆早膳、理政完毕后，乘船至松风阁看会。十八日，正式过皇会，乾隆乘轿至福海南岸聚远楼与皇太后在该楼看会，尔后乾隆至广育宫拈香完毕后，乘船至北岸松风阁看会。圆明园有山有水有花木，主宰山水花木的神灵是山神、龙王和花神，于是御园中分别建有山神庙、龙王庙和花神庙。乾隆朝于绮春园中“构山神庙一区”，其中除山神灵位外，“设供城隍、土地神位”；龙王庙建于慈云普护一景，供圆明园昭福龙王；花神庙原建于雍正末年，规模甚小，乾隆又于“濂溪乐处”正南新建汇万总春之庙，规格崇宏，万寿圣节、花朝、年节安摆

▲ 乾隆像唐卡

供献。前殿供奉花神、花仙72神位，后殿独供“荷花仙子神位”，之所以突出对荷神的供祭，是源于周敦颐《爱莲说》对荷花的推崇和乾隆幼年因背诵《爱莲说》而得祖父康熙钟爱的故事。

惠济祠、河神庙为一组小型道观，分别奉祀天后和河神，位于绮春园西南隅，两个小院并排而建，东为惠济祠、西为河神庙。嘉庆十七年六月初八日的上谕曰：“朕敬礼神祇，为民祈福，大内及御园多有供奉诸神祠宇，每遇祈报，就近瞻礼，以伸诚敬，惟水府诸神，如天后、河神，向无祠位，凡遇发香申敬之时，皆系望空展礼……拟于御园内添建祠宇。”这组道观于嘉庆二十二年（1817）建成，是仿照江苏清江浦的建筑式样而建的。嘉庆在另一份上谕中说：“于御园内仿照江南规制，建立惠济祠、河神庙二所，岁时升香展礼……因思清漪园、静明园两处龙神庙，均有春秋致祭典礼，御园惠济祠、河神庙，显应尤昭……著于每岁春秋二季，一体致祭。届期奏派管理圆明园大臣一员，肃恭将事。”御园祭祀妈祖与河神，对应奏乐章的要求亦颇严格。惠济祠自嘉庆时期建成，以及每年春秋二祭被列入祀典后，后代皇帝均遵行祭祀。

相对于之前的几代清帝，道光以降的几位皇帝并没有太多的宗教热诚。道光后，圆明园宗教活动的平淡和衰减，一方面固然与皇帝本人的个人信仰有关，另一方面也是清廷统治危机及圆明园盛极而衰在宗教活动上的反映。

三、文化收藏

（一）艺术珍品

圆明园收藏有大量的艺术珍品，堪称一座规模空前、荟萃无数珍宝的“皇家博物院”。内务府建有“陈设档”，逐殿登记品名数量，并有定期核查制度，可惜“圆明园陈设档”迄今没有被发现，致使对其陈设的具体数目和详细情形不得确切而知。但通过对比清漪园和紫禁城的陈设情况，可大体推算出圆明园的陈设数量应不少于 100 万件。清漪园的陈设登记全面，内务府也专门建立“陈设档”进行严格管理，乾隆时期达 41000 余件，嘉庆年间达 42743 件。道光朝，国力转弱，陈设数量减少。鸦片战争后，承德避暑山庄、清漪园、静明园、静宜园都开始裁撤陈设，独保圆明园。咸丰五年，清漪园实有陈设 37583 件，至咸丰九年尚有 37500 余件。而且，这里所说的文物陈设不包括家具等日常用品类。考虑到清漪园并不是皇室主要园居之所，清帝只是偶尔到此一游，且其建筑面积比圆明园小得多，由此判断圆明园的陈设有数十万，甚至上百万都是不夸张的。再以圆明园与紫禁城相比，圆明园的建筑面积多达 20 万平方米，比紫禁城要多 4 万多平方米，两地所居住皇室成员的结构也基本相同，建筑内部的陈设格局、模式和品类也大体相似，故宫博物院现有文物 180 余万件，由此也可初步估算盛时圆明园的陈设不会少于 100 万件。

古今中外的人无不对圆明园规模庞大、内涵丰富的文化艺术收藏交口赞誉。传教士王致诚说："建筑物的内部，和它们华丽的外表相比，更显完美。内部陈设非常讲究，家具和装饰物非常豪华，具有高雅的品位。在庭院里和甬道上，您可以见到装满鲜花并用黄铜制成的花瓶、瓷花瓶和大理石花瓶。一些房屋前，摆有代替裸体雕塑的动物塑像和装有香料并燃烧着的香炉。它们被放置在大理石基座上。"参与焚毁圆明园的法军上尉巴吕就证实说："第一批进入圆明园的人，以为是到了一座博物馆，而不是什么居住场所。因为摆在架子上的那些东方玉器、金器、银器，还有漆器，不论是材料还是造型，都是那么珍稀罕见。那简直就像欧洲的博物馆。"法军医生阿尔芒·吕西感慨道："世界第八大奇迹！""我为我看到的东西所震惊、瞠目、惊呆！现在，《一千零一夜》对我来说，完全是实实在在的东西……远自蛮族对罗马的洗劫以来，没有人见到过这样好的东西。""要把天朝皇帝几个世纪搜集在园内的所有珍品描述出来，可能要写好几本书。"（德蒙特尔西）"这些屋子里到处摆设着古玩，我们像在博物馆里看古玩一样地观赏……去列举所有从圆明园中所盗劫出来的珍宝将是一件无边无际的工作……额尔金莫名其妙地也说'我喜欢

▲ 海晏河清尊（国家博物馆藏）

▲ 康熙款红彩青花云龙纹盘（圆明园遗址出土修复）

圆明园内所收藏的许多许多东西’。”[1]“在宫殿不同的房间里，您可以看到所有您可以想象得到的最美丽的东西，像家具、装饰物和绘画（我当然是以中国人的口味来说的）；最有价值的中国和日本木制品和漆器制品；古代景泰蓝花瓶，丝绸和金银、衣物。这些物品聚集在那里，使艺术性和鉴赏性融为一体，更显示出一种自然的富有。”“不需要再去描绘那些宫殿里的东西。要去形容那些物质的和艺术的珍品已感词穷。在此之前我们所看到的只不过是当时那个景象的一个小小的缩影。这是《一千零一夜》中的场景，是一种幻境，就是狂想也想象不出我们眼前确实存在的现实。”[2]蒙托邦说：“在我们欧洲，没有任何东西能与这样的豪华相比拟。我无法用几句话向您描绘如此壮观的景象，尤其是那么多的珍稀瑰宝使我眼花缭乱。”蒙托邦所任命战利品委员会的法方代表保罗·瓦兰说：“到处都是装饰着宝石的金银器，嵌着密密麻麻的金银丝图案的刀剑，镶着绿松石和珍珠的金银托架，还有纯金的偶像，用天然珍珠串制成的花果、树木盆景，用各种最珍稀的材料混合绞制而成的小楼阁。真是洋洋大观，令人目不暇接，大饱眼福！”大文豪雨果也慨叹：“法国所有大教堂的财宝加在一起，也许还抵不上东方这座了不起的富丽堂皇的博物

[1] 中国史学会主编：《第二次鸦片战争》六，上海人民出版社 1978 年版，第 347、348 页。

[2] （法）布立赛：《1860：圆明园大劫难》，浙江古籍出版社 2005 年版，第 197 页。

馆。”1902 年，法国地理学家埃利赛·雷克吕和奥内西姆·雷克吕出版《中华帝国》一书，谈到圆明园时，同样写道：“包含着大量艺术杰作的珍贵器物，有很多被毁坏、被随意分掉，或者不可挽回地丢失了。同时，还有大量文物被挑选出来，在欧洲建立新的博物馆。”法国历史学家皮拉佐莉认为，圆明园曾容纳了物质世界所能创造的最精美、最罕有的东西。法国学者布立赛说：“法国人往往把圆明园与路易十四和路易十五的凡尔赛宫相比拟。其实，圆明园远不止于此。它更为广阔浩大，因有大量皇家宫廷收藏，它的珍宝典籍也更多，尤其是乾隆积累下来的庞大而罕见的文化艺术宝库。这座皇宫御苑（兼配有植物园和动物园），亦为博物院和图书馆。”法籍华裔学者邱治平认为：“圆明园不只是离宫御园，也是博物馆，是建筑博物馆，园林艺术博物馆；更因其收藏罕见的珍品和典籍，可为文化艺术博物馆。”

清代宫廷艺术取得了极高成就，清宫使用的各种器物，如陶瓷、织绣、玉器、漆器、金属、玻璃、珐琅、竹牙雕、百宝镶嵌及文房四宝等，无论是各地进贡的，或者由内务府打样发往各地定制的，或者由内务府造办处制造的，在制作技术、用材、款式方面都能广征博采于民间，融糅宫廷的审美情趣，适应皇家的生活需要。圆明园殿堂内的装饰和陈设富丽堂皇，工艺考究，许多装饰均采用“周制”。所谓“周制”，就是在明朝末年，扬州姓周的一家工匠在装饰物上将金银、宝石、珊瑚、珍珠、碧玉、翡翠、

▲ 铜鎏金金刚（圆明园遗址出土）

▲ 铜鎏金无量寿佛（圆明园遗址出土）

▲ 铜鎏金犀牛（圆明园遗址出土）

▲ 原长春园宫门前铜麒麟（现陈颐和园仁寿殿前）

水晶、玛瑙、玳瑁、青金、绿松、螺钿、象牙、蜜蜡、沉香等各种珍贵物品，雕刻镶嵌成山水、楼阁、人物、草木、虫鸟、花卉、翎毛等图形。这种做法对于清中后期家具及内檐装修、陈设的影响很大。清代统治者追求雍容华贵，讲求工艺效果，所嵌物品料精质美、价值非凡，纹饰多有吉祥寓意。圆明园很多殿堂都采用了这种镶嵌工艺。嘉庆年间，修缮圆明园安澜园、舍卫城、同乐园、永日堂等，其门窗均用“周制”。嘉庆十九年（1814），建造绮春园竹园，命两淮盐政承办紫檀装饰，共200余件，有榴开百子、万代长春、芝仙祝寿等花样。嘉庆二十二年（1817），福海东岸接秀山房改建完工，再命两淮盐政承办紫檀窗棂200余扇、多宝架3座、地罩3座，有万寿长春、九秋同庆、福增贵子、寿献兰孙等花样，俱用“周制”。这类“周制”装饰品，完全称得上是最精美的艺术瑰宝。英国特使额尔金的私人秘书亨利·洛克描述道：“圆明园室内的陈设墙上悬挂的匾额，差不多有一两码见方，描绘乡村和山林的景色。或者远山近水，历历在望；或者驰骋林原，射击鸟兽的情景。其中人物、树木、泉水、野兽都用绿玉、白玉和别种颜色的宝石嵌成。”可见当时圆明园室内的很多陈设都采用了这种“周制”工艺，甚至匾额也莫不如此。

名人字画在园中随处可见，不仅厅堂斋馆内有悬挂，而且在一些游廊侧墙上有时也镶嵌着书法碑刻，甚至在院墙的月洞门上还要安置砖额，假山、水池之旁也有勒石题刻。这些字画不仅是一种装饰点缀，还构成了园中的特殊景观，营造了“清词丽句总为邻”的氛围。园内建筑还附带有大量的墙画、窗画、门画等，室内外墙面上装裱了各式锦缎和巨幅的“通景画”“深远画”，其中有许多装饰画是出自西洋画师郎世宁等人的手笔。清帝经常就绘画的具体绘制和如何张贴下达各种指令。园中的宗教艺术品为数甚多，如方壶胜境室内以陈设佛像和佛塔著称，其中后部的九座楼阁中供奉着2000多尊佛像、30余座佛塔。由于乾隆的特殊喜好，在他理政和生活起居的殿堂，如勤政殿、清晖阁、同乐园、含经堂等处悬挂大量的壁瓶，而且壁瓶的造型奇巧多姿，制作精美、品种丰富，式样大多是以大瓶、尊、觚等缩样制作，瓶体好像剖开的半器呈扁平式。玉器是圆明园室内陈设的一个重要类别，不仅数量众多，而且制作精美。英军步兵队长瓦尔西礼对圆明园的玉器收藏赞誉有加，他说：“各种珍宝中，碧玉为中国人所最看重，价值有极昂贵的。过去数百年内，最精美的玉器均为皇帝所收买，储藏于圆明园中，最贵重的一种，乃是鲜明的绿色，中国人称为翡翠。这种玉很难寻找，甚至零星小块都弥足珍贵。洁白透明的玉也很贵重，此处储藏着许许多多，全都琢磨得很精美。有几间屋子内置大柜，柜中装满玉石所制的杯盏、瓶、碟等。”

以正大光明殿和谐奇趣为例，可以具体了解圆明园中式建筑和西式建筑不同的陈设内容和文化艺术品收藏。

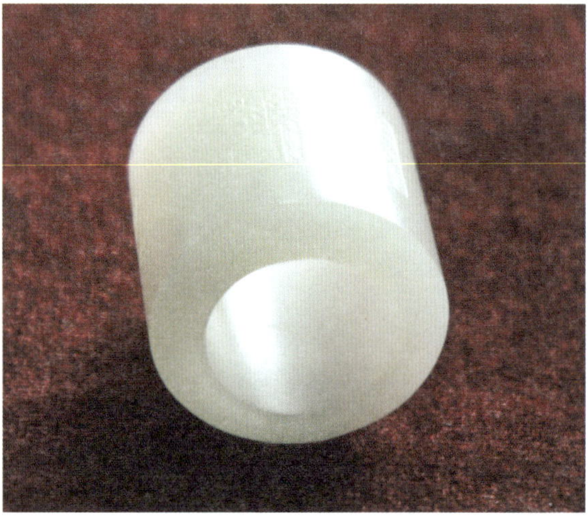

▲“花甲联芳”玉扳指（圆明园遗址出土）

▲青玉老人山子（圆明园遗址出土）

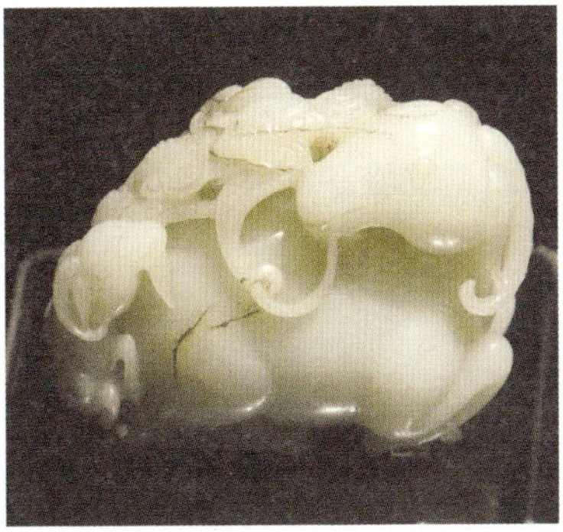

▲ 白玉三羊（首都博物馆藏）

▲ 粉彩镂空花果纹六方套瓶（首都博物馆藏）

▲ 白玉双耳饕餮纹炉（首都博物馆藏）

正大光明殿陈设极其豪华。内檐高悬雍正御书“正大光明”镏金匾，两旁悬有雍正和乾隆写的楹联。殿内东壁悬乾隆御书《周书·无逸篇》，西壁悬《豳风图》。据乾隆五十八年（1793）、咸丰十年（1860）先后目睹过该殿的英国副使斯当东，以及英军随军牧师麦卡吉、英军步兵队长瓦尔西礼记述，正大光明殿内用白色大理石铺地，光亮照人，石块琢磨精美，并切成数目字形式，接缝极细。正中安置的皇帝宝座更是极其讲究，为紫檀木所制，做工精美，宝座上覆盖着黄色绣缎套子。宝座位于高台上，下面有三级台阶，台四周环以红漆木栏杆，雕刻着玫瑰等花卉，精美富丽。宝座两边竖有高高的屏风，饰以蓝翡翠和孔雀毛，雀羽上系着红宝石和碧玉。殿内的巨大木柱漆成红色，屋顶木制天花板精镂细雕，嵌花复杂，悬挂着由西洋赠送的制作精美的玻璃吊灯，窗户糊着白色的高丽纸。殿内四周排列着刻镂精美的桌柜，陈列着宽博而灿烂的碧玉碗盏及许多瓷瓶、冰裂纹瓷缸和其他珍奇古玩，还有几座法国钟，以及许多册印刷精美的中国经书。麦卡吉与瓦尔西礼都还特意提到，正大光明殿入门左边（西）墙上部“悬挂着一幅巨大而且详细精致的行宫内庭院的总图，几乎把那片墙壁全都遮盖住了”。这正是圆明园全景“大观图”。乾隆五十八年（1793）的英国特使马嘎尔尼也记述道：“御座为一桃心木之大椅，上刻精美之花纹，其木料则产自英国。华人以为稀有之物，故用以制为御座。御座之下有一台，高数尺，两旁有木制之短阶，以便上下……两旁则各有一孔雀毛制成之扇，面积极大做圆形，颇美丽可爱。全殿地皮均用大理石铺之，石有灰色、白色两种，纵横相间，望之如棋盘形。石上人行之处，复铺以洁净之席。殿之一角有一八音时辰钟，拨其奏乐之键，能奏乐十二。”

西洋楼的陈设多是西洋风格，颇具西洋奇趣。法军上校保罗·瓦兰说：“墙上挂着亭亭玉立的法国宫廷美女的全身像，下方还有她们的名字。”法军军医阿尔芒描述道：“建筑装饰完全按照法国的样式建造而成，装潢和家具，来自哥布林地毯厂的地毯，圣格本产的镜子、吊灯、烛台、座钟、油画，其中一幅描绘的是亨利四世在九桥上——这一切都是上个世纪的法国风格，我们甚至感觉似乎已经身处巴黎。”其中谐奇趣就类似一个西洋主题的陈列馆。谐奇趣殿内陈设，一是先经郎世宁等人奉旨按西洋法子画出陈设纸样，呈准后再由在京效力的西洋人杨自新、席澄源等带匠人制作；或者发往西洋传办，如乾隆十五年五月，乾隆命造办处将所需西洋物件开列清单，内列大玻璃镜等皆谐奇趣装修、家具、陈设所用，同年九月，内务府拨银两万两，交皇商范清注赴西洋采购。二是从造办处库房及京内外搜集各种西洋陈设。从乾隆十七年十月至十八年四月陆续送到谐奇趣水法殿的西洋陈设即达 200 余件，有西洋罗镜灯、玻璃挂灯、玻璃八仙灯、挂镜、日晷、显微镜、银兽、绒狗、天体仪、浑天仪、天球、西洋珐琅莲花灯、珐琅碗缸瓶罐、大小钟表、花毡、箱柜桌椅等。乾隆二十二年，乾隆下旨命粤海关陆续采买水法殿上所用玻璃。谐奇趣西八方亭内有风琴钟一件，乾隆三十五年曾令汪达洪维修。谐奇趣殿内正宝座背后照壁，由郎世宁设计，做成楠木花贴金，内嵌六块玻璃，宝座周围吊屏亦为楠木花贴金。谐奇趣水法大殿曾张贴由郎世宁、王致诚绘制的西洋通景画。谐奇趣东平台楼内，安设洋漆玻璃九屏风一座。乾隆十八年四五月葡萄牙使臣巴哲格访华时，乾隆特允于此“瞻仰”水法，事后在屏风背面贴挂该使臣的油画头像。第二年，郎世宁又添画了康雍两朝葡萄牙来使和在京效力多年的 17 位西洋人油画头像，同贴于九屏风背面。乾隆三十九年（1774），又由西洋画师艾启蒙做了添改，中间上层画康、雍、乾年间三位葡萄牙来使，下层画戴进贤、郎世宁、艾启蒙头像。西平台楼内桌案上，则陈设郎世宁设计的一对西洋玻璃灯。

（二）典籍书画

盛时圆明园收藏大量图书文献，包括《四库全书》《四库全书荟要》《古今图书集成》等。碑帖书画是体现园林文化内涵的重要方面，遍布园内的诗碑、石刻，融诗文、书法等多种艺术手段为一炉，成为特殊的文化景观。为深化园林的文化意境，清帝十分重视传世墨宝的作用，“八柱兰亭”“淳化轩”等都是以保存古代稀有墨迹而闻名，成为著名的书法景观。在营建园林的过程中，宫廷画师还同步创作了大量关于园林的画作，这些图画有的更是配上皇帝的御制诗，构成园林文化的另一个表现形式。由于圆明园具有“皇家图书馆”的职能，所以清帝有时也将其文献收藏、调拨或带至其他御苑，以备随时御览。如乾隆四十年至六十年期间，汤泉行宫即由圆明园等处陆续领来或送来文房用具和书籍册页等物品。汤泉行宫的两个书房内还陈设有二套《兰亭八柱帖》、二匣《淳化阁帖》及《五代五福堂记》等圆明园相关文化元素。

《四库全书》。这是我国历史上规模最大、最完备的综合性丛书。所谓丛书，是指将若干种著作汇编在一起，冠以一个总名。《四库全书》自乾隆三十八年至五十三年（1773—1788）修成抄出，共 8 亿字，收入先秦至乾隆朝的各类图书 3503 种。分经史子集四大类，79337 卷，36078 册。《四库全书》第一次全面整理和抄录了中国古代各种典籍，内容浩瀚，包罗万象，成为中国传统文化的文献总汇。《四库全书》编成后共抄写 7 部，分藏于紫禁城文渊阁、圆明园文源阁、承德文津阁、沈阳文溯阁、扬州文汇阁、镇江文宗阁、杭州文澜阁。第 3 部于 1783 年藏于文源阁，其每册首尾都钤有“文源阁宝”“圆明园宝”的宝玺。为方便自己阅读，乾隆特命精选重要篇目编纂《四库全书荟要》，计 12000 册，共誊抄 2 部，1 部贮藏紫禁城，1 部收藏于圆明园含经堂味腴书室。1860 年，文源阁《四库全书》被英法联军焚毁殆尽，仅有极少一部分流落异域。

《古今图书集成》。这是世界上现存规模最大、保存最完整的类书。所谓类书，是指对文献资料分类摘编的图书。《古今图书集成》由清廷组织力量自康熙四十五年至雍正元年（1706—1723）修成，共 5020 册，1 万卷，1.7 亿字，初版 64 部加 1 部样书，圆明园文源阁藏有一部。《古今图书集成》分六编，编下分典，典下分部，分类摘编先秦至康熙朝的大量文献，可谓中国古代保留至今最大的百科全书。

《钦定重刻淳化阁帖》。《淳化阁帖》是我国历史上第一部大型丛帖，被誉为诸帖之祖，其初拓本被珍藏于含经堂淳化轩。乾隆《钦定重刻淳化阁帖》拓印本和摹帖版刻石也是书法艺术珍品。《钦定重刻淳化阁帖》拓印本拓于 1773 年，圆明园共收贮 18 部，存放在保合太和殿、狮子林等处。摹帖版刻石，共 144 幅，镶嵌在淳化轩前边的 24 间左右回廊之中，仅有一套，弥足珍贵。

《兰亭八柱之册》。乾隆将“坐石临流”的小亭改建成重檐八方亭，将原来的石柱换成方形青白石柱，乾隆还把从内府藏帖中辑得的历代书法名家《兰亭帖》墨迹 6 册，以及大学士于敏中

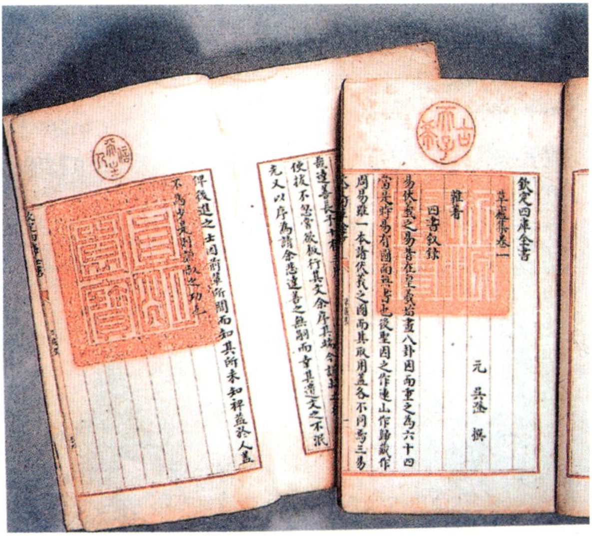

▲ 文源阁《四库全书》残卷

▲《钦定重刻淳化阁帖》石刻拓片

补柳帖之漫漶(缺笔)成一册，再加上乾隆自己临摹董其昌所仿《柳书兰亭帖》一册，合为《兰亭八柱之册》，并在每根柱上摹刻一册。这就是圆明园八柱兰亭。所谓“因就此亭易以石柱，而各刻一册于柱，以永其传”。还在亭中竖立一座巨型石屏，正面刻王羲之等人《曲水流觞》图景，碑阴刻乾隆相关御制诗。

《寒食帖》。苏轼的书法自成一体，与蔡襄、黄庭坚、米芾并称为“宋四家”。《寒食帖》是苏轼行书的代表作，通篇书法起伏跌宕，气势奔放，被称为继王羲之《兰亭序》、颜真卿《祭侄稿》之后的“天下第三行书”。康熙时，《寒食帖》被大词人纳兰性德收藏，后被收归清内府，并被刻入《三希堂法帖》。乾隆在《寒食帖》上钤盖了不少印玺。咸丰十年（1860），圆明园罹劫时，《寒食帖》被烈火烤焦边沿，险遭毁坏。后《寒食帖》被转卖入日本。“二战”后，国民政府外交部部长王世杰委托友人在日本访觅《寒食帖》，并购回台北。1959年，王世杰题跋于《寒食帖》后，略述是帖流亡日本以及从日本购回的过程：“东坡先生此帖，曾罹……英法联军焚毁圆明园之厄，尔后流入日本……二次世界战争期间，东京都区大半为我盟邦空军所毁，此帖依然无恙。战争甫结，予嘱友人踪购得之，乃购回中土，并记于此。后之人当必益加珍护也。”

《圆明园四十景图咏》。由宫廷画师沈源和唐岱遵照乾隆旨意，依据圆明园实景绘制，四十景是指独成格局的四十处园林景观。

该图为绢本彩绘，每幅图配有乾隆一首对题诗，由汪由敦代书。共计四十对幅，每对幅为左诗右图。全图分为上、下两册。首册画页之前分裱雍正御书《圆明园记》和乾隆御书《圆明园后记》。每册最后一景的图、诗末尾，均款书“乾隆九年甲子九月奉敕，臣唐岱、沈源恭画”和“工部尚书臣汪由敦奉敕敬书”字样。该图共钤盖有百余方印章，其中最大的一方为“圆明园宝”。这套彩绘图册前后历时 11 载才完工，足见成图之不易。该图记载了圆明园盛时辉煌，是人们了解圆明园原有风貌最直观、最形象的资料。“四十景图”以写实的手法描绘了圆明园建筑和园林的风貌；“四十景诗”则揭示了圆明园的历史、政治和文化内涵。诗画结合，相得益彰。1860 年，该图被掠至法国，后被法国国家图书馆收购，并收藏至今。

《圆明园大观图》。这是综合反映盛时圆明园全景大观的通景总图。由宫廷画师冷枚、唐岱、沈源和意大利画家郎世宁等人历时两年半完成。配上巨型图框，通高 4.4 米，通宽 11.2 米，极为壮观。上有乾隆御题“大观”二字，俗称“大观图”。由沈源绘房舍，唐岱绘山土树石，郎世宁绘大宫门外卤薄銮驾随从人员和园内打扫地面人物等。此图于乾隆三年（1738）绘裱完竣，张贴于九洲清晏清晖阁。乾隆二十八年九洲清晏火灾后，“大观图”经如意馆找补颜色后，仍挂清晖阁。道光中叶改建清晖阁时，移挂于正大光明殿西墙。

《西洋楼铜版图》。它是西洋楼各座欧式建筑、庭院的立面透视图，共计 20 幅，对西洋楼建筑的形象乃至细部尺寸，都有相当准确和客观的反映。该图先后分两次，共压印成纸图 200 套。它是我国印刷史上首次引进西欧铜版印刷工艺，自行刻版印刷的第一部印刷品，具有首创意义。主画师是如意馆画师——满族人伊兰泰，刻制铜版则由造办处匠师完成。从乾隆四十六年起稿，至五十一年（1786）印刷成图。图成之后，20 块铜版被收藏于水法大殿，并在西洋楼各殿共陈列纸图 40 套，在圆明园、长春园另外 11 处殿宇也各贮一套。

《女史箴图》唐代摹本。东晋顾恺之的画作被喻为“春蚕吐丝”，其作品线条细腻，画面柔美鲜活。《女史箴图》一直是历代宫廷收藏的珍品，现在世界上只有两幅摹本，一幅是宋人摹本，另一幅就是大英博物馆的唐人摹本。《女史箴图》的唐代摹本，是当今存世最早的中国绢画，具有里程碑的意义，也是举世公认的中国国宝。该摹本是乾隆的案头之爱，1860 年被英军从圆明园掠走。1903 年被大英博物馆收藏，成为该馆最重要的东方文物之一，被视为“镇馆之宝”。

《耕织图》元代摹本。元代程棨摹南宋楼璹所绘《耕织图》，分为耕作、蚕织两部分，有耕图 21 幅、织图 24 幅，各附五言诗一首，共 45 图。图为纸本卷轴，均以水墨设色。乾隆命画院将该图双钩临摹刻石，每图并加题诗一首，刻成后收藏于圆明

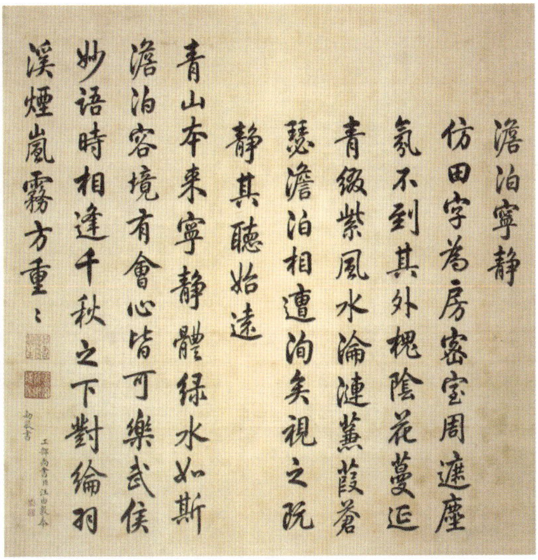

▲ 澹泊宁静（圆明园四十景图咏）

▲ 西洋楼铜版图（国家博物馆藏）

▲ 乾隆写字图（画中描绘的是乾隆在长春园狮子林清閟阁内写字的场景）

▲ 乾隆写字图（狮子林清閟阁内景）

▲ 乾隆九洲清晏池上居行乐图（清张廷彦绘）

园多稼轩。1860 年，《耕织图》被劫掠，现存于美国。乾隆《耕织图》刻石，中国国家博物馆收藏有 23 幅，其中的 14 幅图仍较为完好。

狮子林倪云林画作。狮子林藏有乾隆《钦定重刻淳化阁帖》和《西洋楼铜版图》各一套，还贮有三卷绢丝字画手卷，即乾隆御笔《题御园仿构狮子林前后八景》诗、《再题狮子林十六景》诗和《御临倪瓒狮子林图》，手卷皆用银片做字，分盛于紫檀木匣里。狮子林清閟阁以倪云林书阁名命名，以收贮倪云林画品为著。倪云林，与黄公望、王蒙、吴镇并称“元季四家”。他有一座三层的藏书楼“清閟阁”，还著有《清閟阁集》。乾隆时期，倪画真品已较为少见，乾隆仍精选倪画 6 种置于此阁，该阁还贮有一幅明代杜琼所摹的倪云林《狮子林图》。

淳化轩元人画作。淳化轩不仅以《淳化阁帖》为世人所知，而且该轩还收藏大量的历代书画珍品。仅目前分藏于北京故宫和台北故宫的元人画卷就有钱选《浮玉山居图》、赵孟頫《人骑图》、郭畀《雪竹图》、朱德润《秀野轩图》及王蒙《夏日山居图》等名迹。书法作品则有传为钟繇的《荐季直表》墨迹、唐颜真卿的《自书告身帖》墨迹、宋苏轼、米芾、王诜等人的诗帖等，均属稀世墨宝。这些书画上一概钤“淳化轩图书珍秘宝”及“淳化轩”“乾隆宸翰”“信天生人”组印。当年珍藏在淳化轩中的宋毕士安《淳化阁帖》初拓赐本十卷今仍完好收藏于故宫博物院。[1]

九洲清晏画禅室名画。九洲清晏有一处景点叫“池上居”，乾隆“每于夏月间憩此”，此景也是皇帝收贮明代书画家董其昌所品题《名画大观》及宋、元、明真迹之处，因董其昌旧有“画禅室”，乾隆即借其名为此室别额。乾隆十四年（1749），乾隆聚董其昌品评之《名画大观》及虞世南临兰亭帖等真迹，贮藏于此。乾隆《初夏池上居》诗注曰：“宫中画禅室所弆董其昌名画大观册及黄公望山居图、米友仁潇湘图、李唐江山小景、宋元明真迹册，又予新集唐五代宋元王维、周昉等画帧。凡幸圆明园，则携来以贮此室。”

[1] 朱杰：《长春园淳化轩与故宫乐寿堂考辨》，见《故宫博物院院刊》1999 年第 2 期总第 84 期。

▲ 元代钱选《归去来辞图》卷（圆明园淳化轩旧藏，现藏美国大都会艺术博物馆）

盛时圆明园是一座兼有“苑囿”和“宫廷”双重功能的特殊形制的皇家园林，有着举足轻重的政治地位。在长达140年的时间里，它实际上早已成为与紫禁城一南一北遥遥相对、互为表里的另一个政治中心。

第四章　治国理政

▲ 道光赐宴凯旋将士图（清人绘）

一、政治理念

盛时圆明园是一座兼有“苑囿”和“宫廷”双重功能的特殊形制的皇家园林，有着举足轻重的政治地位。在长达近140年的时间里，它实际上早已成为与紫禁城一南一北遥遥相对、互为表里的另一个政治中心。标榜政治理念，传达政治文化是皇家御园规划、营建过程中的一个重要课题。粗略来看，清帝在此着重予以强调和传达的政治理念主要有勤政、亲贤、重农、节俭、忠孝等方面。

（一）圆明意旨

圆明园甫建成，康熙便御赐并亲书“圆明园”匾额悬挂在圆明园殿的门楣上方。雍正认为该名“意旨深远……圆而入神，君子之时中也；明而普照，达人之睿智也”。“圆明”二字在字义上是“圆融和普照”，意味着完美和至善，引申而言，“圆”是指个人的品德圆满无缺，立身行事合乎时宜，无过与不及；“明”是指办事光明磊落，完美明智。这与封建时代统治阶级所标榜的明君贤相的理想标准是十分相符的。由此不难看出康熙对雍亲王胤禛的某种期许，以及圆明园命名的政治文化内涵。

（二）四字家法

正大光明是圆明园最具政治功能、最能体现御园政治韵味的核心场所。“正大光明”四字来自《周易》：“大者，壮也”，“正大，而天地之情可见也。”“刚中正，履帝位而不疚，光明也。”[1]就是说，要使地位稳固，必须效法天地、顺应人情，从而表明其统治是正大光明的。这体现了儒家中正治国的思想。“正”为政，指居身行履必正；“中”为中正、中和，指治事“允执其中”。宋代大儒朱熹云：“圣贤之心，正大光明，洞然四达”[2]，“古之圣君贤相所以诚意交孚，两尽其道，而有以共成正大光明之业也”，而朱熹“至若范公（仲淹），正大光明，固无宿怨，而惓惓之义，实在国家”[3]之言正是对这一儒家思想的具体表述。

[1] 《周易·履·彖辞》。
[2] （宋）朱熹，《答吕伯恭书》。
[3] 《朱文公集·三八答周益公书》。

清帝们把正大光明奉为“圣训”，以自警自戒，用乾隆的话说就是“三朝家法传四字”。他对“正大光明”更有详细的诠释，“无偏极建福时敛”谓之正，“顺应物来量始宏”谓之大，“利用国观惟俊呼”谓之光，“自呈鉴照待群情”谓之明。为了国祚长久，清帝极为重视中正思想的运用，所以特选取儒家政治哲学中“中则正”的道理作为“家法”。正如乾隆所言：“圣训绳承，实我国家万年所奉为法守也。”因此，清代不仅在圆明园，而且在大内乾清宫、景山观德殿、避暑山庄勤政殿等处都悬有这四字匾额。[1]圆明园“正大光明”更是名副其实地以此四字直呼殿名和景名。

（三）勤政思想

正大光明殿悬挂的雍正御书对联曰：心天之心而宵衣旰食；乐民之乐以和性怡情。殿内东西山墙上分别贴布着《周书·无逸篇》与《豳风》，暗示着它的主人励志以宵衣旰食的勤政，以及对天下黎庶稼穑之艰的深深体解来自勉的意识，“心天之心”与“乐民之乐”的逻辑推演在此成了正大光明殿形象取义的一个重要隐喻。勤政亲贤殿内后楹高悬雍正御书“为君难”额，后楹东壁陈

[1] 四处匾额中，乾清宫为顺治御书，观德殿为康熙御书，正大光明殿为雍正御书，承德勤政殿为乾隆御书。

设有梁诗正书写的乾隆御制《创业守成难易说》，西壁陈设有于敏中书写的乾隆御制《为君难跋》。可见，雍正、乾隆对于治理偌大疆域的繁难有比较清醒的认识。“我朝家法，无一日不听政临轩”[1]，作为圆明园的首位主人，雍正曾多次谕令百官：在圆明园和在宫内一样，凡一切应办之事都照常办理，不可迟误。驻跸之初，他就规定了春末到秋初、秋末到春初两个时令官员到园办公的时间，表明他在园内的起居理事已经制度化了。前朝区是平时办公、理政之地。在这里，雍正废寝忘食地勤于政务，常“自朝至暮，一日万机”，且终年不息。正如乾隆所云：“我皇考于理事正殿，皆颜勤政，诚以持心不可不敬，为政不可不勤也。”[2]总的来说，清帝在圆明园没有一味地沉湎享乐，而是得以把所谓的“日理万机”与优游之乐合于一处；把园林的憩静幽雅和繁冗复杂的政务结合在一起，实现了“避喧听政”的目的，圆明园发挥了“生态办公区”的功能。

（四）亲贤思想

圆明园前朝区的空间尺度比较宜人，相对缩短了皇帝与臣下的距离，便于加强君臣之间的亲近感。即便刚正严肃的雍正一向

[1] （清）庆桂：《国朝宫史续编》卷六二，北京古籍出版社2001年版，第526页。
[2] （清）庆桂：《国朝宫史续编》卷六二，北京古籍出版社2001年版，第526页。

“驭下甚严”，但在圆明园也常常“每假以辞色，以联上下之情”，显得比在大内更有人情味。他利用休息时间，与臣僚同乐，在轻松的游赏活动中，君臣对话，广纳贤言，安抚臣僚。每逢“春秋佳日，景物芳群……偶召诸王大臣从容游赏，济以舟楫，饷以果蔬……仰观俯察，游泳适宜，万象毕呈，心神怡旷”。雍正于“佳时令节，必赐诸王大臣游燕，泛舟福海，赏花钓鱼，竟日乃散。故当时堂廉之间，欢若父子，无不可达之情也”。[1] 雍正三年九月二十六日，雍正谕内阁：“凡来圆明园奏事之大臣官员不必太早。今见大臣等务皆早到，如在南城居住人员，必得五鼓前来，其年老有疾之人，必受寒冷……嗣后尔等咸遵朕旨，毋得有违，虽稍迟误，或一二人不到，亦无妨碍，并不致有误事之处也。”[2] 这一方面反映了雍正的务实，另一方面也说明了他对臣下的体恤。清人笔记还载有这样一件事情：杨炳，雍正元年癸卯恩科会元，卷呈御览，雍正朱批曰：“卓识名言，不独优于诸卷，即近科亦不见。”殿试以第三人及第，即召入内廷，赐庐圆明园左侧，盖不世之遇也。[3] 雍正的爱才之心与亲贤之举真是落到了实处。嘉庆五年十一月十九日规定：六十岁以上满汉大臣不必按五鼓朝例，

[1] （清）昭梿：《啸亭杂录》，中华书局，1980 年 12 月版，第 9 页。

[2] 《大清世宗宪皇帝实录》卷三十六，第 14 页。

[3] （清）陈康祺：《郎潜纪闻初笔、二笔、三笔》，中华书局，1997 年 12 月版，第 431 页。

可于黎明入朝。嘉庆六年五月二十八日，因满汉文职各衙门堂官在圆明园向无办公休息场所，嘉庆特命将弘雅园改称集贤院，作为各堂官公寓。

（五）重农思想

康熙在《重农桑以足衣食》的上谕中说：“古者天子亲耕后亲桑，躬为至尊，不惮勤劳，为天下倡……黎民不饥不寒，享庶富之盛而致教化之兴，其道胥由乎此。”雍正《圆明园记》云：“园之中，或辟田庐，或营蔬圃……偶一眺览，则遐思区夏，普祝有秋。至若凭栏观稼，临陌占云，望好雨之知时，冀良苗之应候，则农夫勤瘁，稿事艰难，其景象又恍然在苑囿间也。”乾隆反复强调“劝课农桑，临民者第一要务”，“垦田务农为政之本”。他宣布“天下之本农为重，各府州县衙，果有勤于耕种，务本力作者，地方官不时加奖，以示鼓励”。这些并不都是官场话，在自然经济条件下，农稼丰歉直接关系王朝的兴衰。为了解农情，圆明园中设有不少与农事相关的景点，所谓“御园隙地多弄田”（乾隆语），以示皇帝对农业的关心和重视。乾隆在诗中多次说到“稼穑艰难尚克知”，“四海如兹念在兹”。不过，这里的重农意识也不免流向审美意识，其意境更多的是受到传统田园诗画的影响。

圆明园体现重农意识的景点不仅呈现一派独具匠心的田园风光，而且其景观题名如多稼轩、稻凉楼、稻香亭、观稻轩、课农轩、耕云堂、绘雨精舍、水村图等，均或多或少与“农”有关。水木明瑟、澹泊宁静、映水兰香居于圆明园中心地带，地域开阔，水面环绕，稻田甚多。澹泊宁静是一处重要的游憩寝宫，主建筑是独具特色的田字房大殿，殿外稻田弥望，河水周环。正如乾隆九年诗序曰：“密室周遮，尘氛不到。其外槐阴花蔓，延青缀紫，风水沦涟。”多稼轩是映水兰香正殿，殿内墙壁上画有农器十具图案，乾隆御制有《农器图十咏》诗以记其事，该殿内还贮有一幅历史名画《耕织图》长卷。雍正有《多稼轩劝农诗》，诗句云：“克尽农桑力，方无饥冻虞。”北远山村“禾畴弥望，河南、北岸仿农居村市”，乾隆在诗中也把水村、茅舍、竹篱、稻塍、水车等作为审美对象来欣赏。若帆之阁北倚圆明园内垣，为一座临溪的二层楼阁，远望犹如漂浮在水上的船只，故命名为若帆之阁。朝北的一面设有外廊和栏杆，可凭栏眺望北墙外的水田，是皇帝观稼重农的标志性景观，所谓“数畦水田趣，一脉戚农心”。耕云堂在若帆之阁稍东，筑于假山之巅，是供皇帝登高阅视园外农稼之处，由此可看到农夫耕耘忙碌的情景。乾隆有诗云：“山堂近北墙，俯视见墙外。耕耘忙农夫，水田横一带。”又有诗云：“山堂临园墙，墙外田近阅。弄田园中多，莫如此亲切。”[1]紫碧山房霁华楼位于园内至高点，临北墙而建，是清帝观稼的绝好之处，登高后不但可以观望园外农作物，而且在该景东部山脚下还设有“学圃”，开辟弄田，几栋建筑也因此得名“丰乐轩”“学圃”等。

（六）节俭意识

畅春园的九经三事殿是清代离宫的第一座朝政大殿，这里不施彩画，台基亦不高，风格颇为朴素。大殿原用灰瓦覆顶，至乾隆四十二年移奉皇太后梓宫时，才将大殿屋顶改换为黄瓦。雍正营建圆明园时，效法康熙之节俭，“采椽栝柱，素壁版扉，不斫不枅，不施丹雘”。正殿正大光明殿采用灰瓦卷棚歇山顶，不求华丽，格调素雅，乾隆称之为“不雕不绘，得松轩茅殿意”。这与故宫太和殿采用黄琉璃瓦庑殿顶的等级有很大差别。另外，在紫禁城中，外朝部分所占面积极大，太和殿几乎居于正中地位；而离宫诸大殿相对靠近宫门，并不在核心位置，殿前院落的尺度更是远逊于太和殿广场，一方面从属于园林化布局的需要，另一方面也隐喻了节俭的理念。乾隆四十二年二月二十九日，乾隆召军机大臣等面谕：“正大光明殿为皇考及朕躬数十年来听政之所，

[1] 《清高宗御制诗》五集卷八六，《耕云堂》，写于乾隆五十九年。

当传之奕禩子孙，不得援九经三事之例改换黄瓦。”[1]在《正大光明》诗序中，乾隆标榜这里“草青思示俭”，尽管生活奢侈，但作为国君，节俭的口号，他终究还是要鼓吹的。因此，乾隆在同乐园西侧构筑了抱朴草堂，他在《抱朴草堂》诗注中明确地说：“热河狮子园有草房，皇考示俭深意也。兹圆明园抱朴草堂之构实效法之。”慎德堂位于九洲清晏，是道光的寝宫，其命名即蕴含慎德、节俭深意。道光十一年（1831）夏，道光作《慎德堂记》，谆谆告诫皇子皇孙祖宗创业不易，切勿“视富贵为己所应有”，应该做到“饮食勿尚珍异，冠裳勿求华美，耳目勿为物欲所诱，居处勿为淫巧所惑……不作无益害有益，不贵异物贱用物，一丝一粟，皆出于民脂民膏，思及此，又岂容逞欲妄为哉”。

（七）忠孝意识

中国古代非常重视孝道，“孝”是儒家思想的核心内容，孔子云：“君子务本，本立而道生。孝悌也者，其为仁之本与。”孝为人伦之本，是为一切伦理道德的根本。孝的意义不仅在于维持家族的和睦，孝的延伸则体现于社会风化和国家政治之中，所谓“其为人也孝悌，而好犯上者鲜矣”。儒家提倡忠孝节义，宣

[1] 《大清高宗纯皇帝实录》，乾隆四十二年二月。

扬人臣要忠于君王，晚辈对长辈要恪尽孝道。历代清帝均标榜以仁孝治天下，康熙就强调："凡人尽孝道，欲得父母之欢心，不在衣食奉养也，惟持善心，行合道路，以慰父母，而得其欢心，斯可谓真孝者矣。"康熙还将孝延伸至以孝治国，他说："朕孝治天下，思以表率臣民，垂则后裔。"康熙的孝悌言行树立了标准，后代清帝在"孝道"方面可谓一以贯之。如长春仙馆是乾隆生母崇庆皇太后在园内的寝宫，位于正大光明殿以西，皇帝寝宫九洲清晏以南，距离皇帝日常活动的主要场所都不远，只要皇太后驻跸圆明园，乾隆必要躬亲行礼，从不遣人代往，由此也确可见其孝心。为鼓吹"敬天法祖"，圆明园还建有皇家祖祠鸿慈永祜，而且规制甚隆，鸿慈永祜供奉过康熙、雍正、乾隆、嘉庆、道光五位皇帝的神位。凡皇帝驻跸圆明园，或从圆明园起銮，以及上元（正月十五）日、中元（七月十五）日、清明、皇帝生辰、先皇诞辰、忌辰等，皇帝都要亲至安佑宫叩拜行礼，从不间断，儒家恪尽孝道的价值观在此也得到了淋漓的展现。而道光在圆明园侍奉孝和皇太后，并因祭奠皇太后而致自身殒命，以及咸丰奉养康慈皇贵太妃的举止，也鲜明体现了清帝以孝齐家治国的家庭亲情和政治伦理。

二、国之中枢

圆明园不是一般意义上的御苑，而是兼有“苑囿”和“宫廷”双重功能的大型皇家宫苑，在长达近140年的时间里，五代清帝长年在此居住生活并处理朝政，即所谓“以恒莅政”，或称之为“凡莅官治事，一如内朝”，这里是清帝“避喧听政”“宁神受福”的理想场所。

乾隆朝，京西三山五园已全面建成，皇帝的游赏空间更为开阔，各种功能设施尤其政务设施也更为完备。乾隆说：“畅春以奉东朝，圆明以恒莅政，清漪、静明，一水可通，以为敕几清暇散志澄怀之所，园虽成，过辰而往，逮午而返，未尝度宵。”综合来看，三山五园当之无愧是与紫禁城等量齐观的政治中心，而圆明园更是三山五园的政治核心区。

（一）朝仪大典

正大光明殿是御园举行朝会、节日庆贺、赐宴亲藩、宴请廷臣等典礼的正殿，其功能类似紫禁城的太和殿与保和殿。正大光明殿有关的重要仪式性活动包括以下几类：

（1）万寿节是清帝国每年的三大节（万寿、元旦、冬至）之一，皇帝寿诞恰逢驻园时，一般要在正大光明殿接受皇子皇孙、宗室王公、文武大臣、外藩王公及外国使臣行庆贺礼，并于此殿宴赏。嘉庆二年嘉庆万寿节，乾隆同嘉庆御正大光明殿，皇帝率皇子及王公大臣等于太上皇前行礼。礼成后，太上皇同皇帝至同乐园赐王公大臣宴。

（2）“传胪”大典，即钦定状元，宣布新进士甲第之典。殿试是封建社会最重要的科举考试，乾隆四十六年、五十五年的殿试均在圆明园举行。咸丰十年钦定金榜的传胪大典在正大光明殿举行，是年四月二十四日，咸丰在勤政殿召见殿试阅卷大臣，钦定新进士甲第。二十七日，由读卷大臣带领引见。二十八日，在正大光明殿行传胪礼，颁金榜，一切礼仪均照太和殿，这是清帝在圆明园举行的最后一次传胪大典。

（3）举行御考，包括“大考”翰詹、“散馆”考试、“复试”乡试取中的举人，以及考试京堂各官等。考试时，由承办衙门的堂官在大宫门外阶上唱名，在出入贤良门桥南发试卷，应考者领卷后依次而入，不得前后参差，并有前锋统领、护军统领及圆明园管园大臣在宫门稽察，正大光明殿阶下、出入贤良门阶下还各派 20 名侍卫守护、管束。

（4）赐宴凯旋将士。道光朝西北回疆平叛大功告成之时，道光即在该殿赐宴凯旋将士，并作七律一首，诗曰：“策勋钦至率前章，凯宴秋中御苑张……边域安全诸将力，用褒忠勇永流芳。”

（5）接见外藩来使和外国使臣。清帝曾多次在正大光明接见过外藩来使和外国使臣。如乾隆曾在此接见过英国马嘎尔尼使团，并观览英国国王所赠寿礼。其间，大学士和珅安排使团参观了圆明园，随行绘图员亚历山大等还将包括正大光明在内，以及他们所亲历的景观描绘下来。

（6）公主下嫁成婚定礼时，清帝在此赐宴皇子、王公大臣、额驸及近族王公。和孝公主是乾隆最宠爱的女儿，当和孝公主下嫁和珅之子丰绅殷德，举行初定礼时，乾隆即在正大光明殿宴赏皇子、王公大臣和额驸等。

（7）乾隆朝《起居注册》十三年正月十六日记载：“上奉皇太后御正大光明殿，赐蒙古王妃公主命妇等宴。”嘉庆、道光时期，皇太后万寿节则在绮春园正殿迎晖殿接受群臣朝贺。这说明圆明园的外朝大殿不像紫禁城三大殿那样，严格限定只有皇帝才能驻跸，太后亦可御正大光明等三园正殿宝座。

（8）正大光明殿亦是皇帝驾崩后停灵之处，道光三十年（1850）正月，道光逝于园内寝宫，奉移梓宫于本殿行朝奠礼。与此相似，圆明三园中长春园正殿澹怀堂与绮春园正殿迎晖殿也曾作太后、太妃、皇后去世后停灵祭奠之用。例如，道光十三年四月、二十年正月，孝慎皇后、孝全皇后先后病逝于圆明园，梓宫皆移至澹怀堂祭奠十余日。

（二）国之心脏

勤政亲贤是皇帝御门听政和日常办公的场所，兼有大内乾清宫与养心殿的功能。“列圣筵宴外藩及内廷大臣均于此。皇帝驻跸则听政焉。遇驻跸圆明园，凡召对群臣，引见庶僚，均于勤政亲贤。”[1]勤政殿是勤政亲贤的核心建筑，为皇帝在园内处理政务、召见官员的地方，该殿东有套间，称为东书房，夏日召见在殿中，春秋则在书房。芳碧丛因青竹茂密而得名，为南向四面围廊的五间敞厅，厅前宽敞的院子里堆叠着精致的假山湖石，种植着碧绿的翠竹，绿荫掩映，凉爽宜人。每到夏季，清帝即由勤政殿迁到这里，在一片清凉碧芳的竹丛中议事、传膳。正如道光《芳碧丛》诗句曰：“虚榭宽闲夏景凉，勅几听政晓批章。”保合太和位于芳碧丛之后，为一座面阔九间，前接三间抱厦的大殿，该殿为清帝重要寝宫之一，功能亦类似于养心殿，尤其面阔九间的规制与养心殿颇为相像，清帝也常在此起居办公。洞明堂是每年秋审时，皇帝审核勾决人犯的“勾到”之处，功能类似于大内懋勤殿。而九洲清晏作为清帝最主要的寝宫，包括九洲清宴殿、前期的乐安和大殿、后期的慎德堂等，其功能不仅用来休憩，同时也是清帝

[1] 《大清会典》，中华书局 1991 年版，第 882 页。

的书房和办公之处，相对更为私密。此外，圆明园的山高水长引见楼、同乐园殿，长春园的含经堂、澹怀堂，绮春园的迎晖殿等处，也兼有一定的办公和理政功能。

（三）部院衙门

清帝驻园期间，君臣处理政务的地方主要集中在圆明园大宫门内外的前朝区，其中，部院衙门的值班和办公地点主要是大宫门和出入贤良门附近的东西朝房。

大宫门前设东西朝房各5间，外侧为东西转角朝房各34间。东为宗人府、内阁、吏部、礼部、兵部、都察院、理藩院、翰林院、詹事府、国子监、銮仪卫，以及东四旗（镶黄、正白、镶白、正蓝旗）各衙门值房；东如意门外为南书房院和堂档房院。西为户部、刑部、工部、钦天监、内务府、光禄寺、通政司、大理寺、鸿胪寺、太常寺、太仆寺、御书处、上驷院、武备院，以及西四旗（正黄、正红、镶红、镶蓝旗）各衙门值房。大宫门内亦有东西朝房及转角朝房，东南为清茶房、军机处，其旁设南书房值房4间。出入贤良门左右有顺山值房各5间，为部院臣工入值候旨之所。东西设两罩门，东罩门为各衙门凌晨呈递奏折之处，俗称奏事门。

（四）军机重地

军机处始设于雍正朝，是协助皇帝处理军国大事的重要机构，也是清代影响最广的政治中枢机构，“军国大计，罔不总揽……威名所寄，不于内阁而于军机处，盖隐然执政之府矣”。“军机大臣掌书谕旨，综军国之要以赞上治机务。常日直禁庭以待召见”，由皇帝钦点几名亲贵重臣充任，可说是由御用秘书人员组成。军机大臣除撰述谕旨外，还要办理皇帝交付的其他政务，被视为真宰相。军机大臣以下一般拣选若干名僚属，称为军机章京。军机册档共有两份，“一存方略馆（紫禁城），一存圆明园。”为便于上通下达，协助皇帝处理好军国大事，圆明园设有军机堂、军机处值房。“圆明园左如意门内，御河之南，为军机堂。堂之右，为满章京值房，其前为汉章京值房。”[1]清帝在园时，军机大臣每日都要照常入值，听候随时召见。军机大臣每日寅时入值于军机堂，满汉军机章京则入值于堂右和堂前的值房。嘉庆时的军机章京梁章钜根据亲身体验在《枢垣记略》中记述道：“辰刻军机大臣始入见，或不待辰刻而先召见，每日一次或数次。军机大臣至上前，豫敷席于地赐坐，承旨毕乃出，授军机章京书之。述旨毕，

[1] （清）吴振棫：《养吉斋丛录》，中华书局，2005年12月版，第53页。

内奏事太监传旨令散，遂以次退直。”[1]皇帝若就近游幸万寿山时，军机大臣亦须随往入值；若去玉泉山或去黑龙潭祈雨包括去大觉寺时，则视需要随往或不随往。军机章京，每 2 人一班在圆明园轮值，4 天一换班，称作“园班”。入值该园班者，须有一人早到园内值房，称为“早门”；一人散班最晚，以宫门上锁为度，谓之“守晚”。为就近入值，就在园外为军机章京特设了两处外值庐（居住处）。圆明园满汉章京外值庐，一在挂甲屯（七峰别墅），一在冰窖。七峰别墅建在挂甲屯村北部西端，隔石板御道、扇面湖与大宫门相望，距御园的军机处值房仅一箭之遥。凡军机大臣及章京每日晨值饭食，皆由膳房承应，其满汉章京散值后在城中则退食于方略馆，在圆明园则退食于外值庐。[2]

（五）翰林花园

澄怀园位于圆明园福园门南，绮春园西墙外，最早是康熙赐给大学士索额图的花园，雍正年间赐予大学士张廷玉等人居住，为高级知识分子聚首之处，俗称翰林花园。从雍正朝一直到咸丰朝，澄怀园一直是南书房和上书房翰林的值庐，这是清廷对汉族官员的极高礼遇。咸丰曾有诗云：“墙西柳密花繁处，雅集应知有翰

---

[1] 张宝章：《海淀文史：京西名园》，开明出版社 2005 年 12 月版，第 323 页。
[2] （清）梁章钜、朱智：《枢垣记略》，中华书局，1984 年 10 月版，第 147 页。

林。”澄怀园曾经居住过几十位清代顶尖的大学者兼朝廷高官，他们曾对清代政坛产生过重要影响，在这里也曾诞生了一批有价值的学术著作和诗书画艺术珍品。澄怀园是圆明园的附属花园，它的护卫和管理都由圆明园管园大臣统一负责。乾隆朝大学士汪由敦为《澄怀园八友图》作记曰："澄怀园在圆明园东南隅半里许，馆舍数十楹……桧柏榆柳，清阴袭人，称消暑胜地。宪宗皇帝恩赐内廷侍直（诸）臣，分寓其中，由敦以直南书房；来寓至庚午，赐居丽景轩，前后左右皆诸臣寓直处也。直上书房者八人，而寓焉者居其六。丙子仲夏有善画者常子至，乃即园中景绘八友图。"

三、皇帝办公

雍正三年（1725）八月二十七日，雍正开始以皇帝身份驻跸圆明园，自此该园正式成为清帝长年园居理政之御园。雍正声称，"朕在圆明园与宫中无异也，凡应办之事，照常办理"，首开驻跸圆明园处理政务的先例，此后延为常规。"每岁初春即驻跸于此，咨度机务引见百官，皆日以为常。"[1]嘉庆二十年，皇帝有御旨曰："我皇祖……勤求治理，整饬官联。自是以后，圆明园奏事文职衙门轮为九班，武职衙门轮为十班。我皇考纯皇帝遵行六十余年。

[1] 《皇朝统志》，卷三十三，都邑。

朕嗣统二十年以来，以恪遵不懈，诚以我朝家法，勤政为先，驻跸御园，与宫内办事，无一日少闲。”在封建集权制度发展到顶峰的清王朝，最高统治者行踪所至就是政治核心所在，由此就不难理解圆明园举足轻重的政治地位了。

（一）御门听政

这是皇帝集体召见群臣、处理政务的一种方式。最初是在大内乾清门举行，故名。因在清晨举行，又称早朝。圆明园御门听政多在勤政殿和正大光明殿。清代凡部院陈奏、例行公事都用题本，凡是每天各衙门递进的本章，其中未经皇上批阅的，先转送内阁，积累若干件，即于某日在御门办事。当皇帝就座时，鸣响鞭，大臣们行一跪三叩礼后，九卿六部大臣依次奏事或敬呈奏折，由皇帝做出有关决策。朝仪制度极严，众臣不得喧哗，否则将以失礼从严处理。御门听政一般每月举行六次，也只是例行公事，并非朝廷重大事务的决策会议。皇帝要实现统治，拥有高层小范围的讨论和决策系统，这才是国家权力的核心所在。

（二）日常办事

日常办事是指皇帝的私人办公安排。清帝相对都比较勤政，在圆明园时，一般每天清晨5点左右就起床，洗漱后即至勤政亲贤进早膳和处理政务，这期间也要接见相关官员，差不多忙碌到10点左右，皇帝一般在每天下午一两点时用晚膳，然后接着批阅各部和地方大员的奏章，其余就是消遣、娱乐和游玩的时间了。清帝几乎每天都要批阅臣工奏章，听取各部院衙门大臣的工作汇报，做出具体指令。遇有重要事宜，清帝随时安排军机大臣进内协助办理，征求处理建议，讨论研究后形成解决方案，并由军机大臣或军机章京草拟谕旨，经皇帝认可后，正式下发中央各部门及全国各地。

（三）考选官员

为巩固统治，清帝注重通过各种考试来选拔官员，在圆明园就经常举行这类考试。雍正朝，一般于吏部朝房举行散馆[1]考试。至乾隆时，则在正大光明殿散馆。嘉庆二十二年的散馆考试即在正大光明殿进行。乾隆十七年六月十八日、二十八年五月十三日，乾隆在正大光明殿考试翰林院、詹事府诸臣。新进士一向在乾清宫复试，嘉庆六年后，改于保和殿；道光二十四年后，皆在圆明园正大光明殿。道光二年规定，无论何项考试，在正大光明殿举

---

[1] 殿试后，新进士擅长文学及书法者，选用为庶吉士，入翰林院庶常馆，肄业3年期满再行考试，按等第分别授职。

行时，于大宫门外阶上唱名，门内桥以南散卷。其唱名散卷，令承办衙门堂官一人，按照议定处所在彼看视。预考人员，领卷后依次而入，不得前后参差。[1]道光十五年六月十五日，令满洲、蒙古文职二品以下，以及五品、六品京堂各员，自本月十九日起，按所开列名单，轮日在圆明园考试满语，俱不准托故不考。闰六月初二日，令蒙古翻译进士、举人出身之六部、理藩院、太仆寺郎中、员外郎及御史等，于十三日在圆明园考试。咸丰二年（1852）五月十二日，咸丰在正大光明殿大考翰林院、詹事府各官。

据《曾国藩家书》可知，道光二十三年三月初十大考翰林、詹事，在圆明园正大光明殿考试。这时的曾国藩因久不作赋，字也生疏，所以感到惊恐。他诧异于向来大考，大约六年一次，而这次则仅有四年，所以同人等听到谕旨的时候，没有感到不惶恐的。曾国藩在圆明园与陈岱云同住。这次总共有翰林、詹事127人，告病未入考场的3人，病好了仍要补考。在殿上搜查出夹带作弊者1人，交刑部治罪，其余都完成考试。十一日，道光亲自阅卷，并由阅卷大臣7人阅毕，拟定名次，进呈皇上钦定。此次大考分一等5名，二等55名，三等56名，四等7名，曾国藩取得二等第一名。十四日，引见，共升官者有11人，曾国藩由此升翰林院侍讲，这令他踌躇满志。道光二十六年五月初二，曾国藩赴圆

[1]　《大清会典事例》卷三五一，礼部，贡举。

明园，初六在正大光明殿考试，这一次共有 270 人入场，其中湖南有 12 人。

（四）召见官员

召见分为两种，一为“引见”，指的是中下级地方文武官员、进士举人上任、调动新职，都要由他的主管部门长官带领面见皇帝，聆听训示，然后赴任。引见之前都要用绿头木签缮写其姓名、年龄、籍贯和履历，奏明皇帝。一为“召见”，指的是地方高级官员如布政使、按察使履新，则应请求皇帝给予当面指示的机会，皇帝同意了，则进京面君。在圆明园召见官员的地点多在勤政殿、怀清芬、茹古涵今、引见楼和出入贤良门。在出入贤良门召见武官之后，通常要在出入贤良门外考较其射箭技术，称作较射。清帝召见官员有严格的制度，被召见官员不得无故违规。嘉庆二十一年正月初七规定，嗣后在内庭行走之诸王，遇有应奏事件，俱在乾清门外及出入贤良左门，交外奏事官员呈递，不准径交内奏事太监，其奏事太监亦不准接收。非遇召见及带领引见，皇帝在宫时，不准进乾清门，在圆明园不准进左门。其有无故进内，至内奏事处者，着御前大臣会同内务府大臣奏闻候旨。道光八年八月初三，道光谕内阁曰：“嗣后无论何处，凡豫备次起召对之人，及奏事处带领之总管首领太监等，俱着在廊下祇候，不准擅进明殿”，“着将此旨于宫内、圆明园、军机处、奏事处各录一通”，永远遵循。

1859年2月8日，晚清官员郭嵩焘第一次来到圆明园觐见皇帝，接受赴天津协助蒙古亲王僧格林沁帮办海防的委任。8天之后，郭嵩焘再次来到圆明园。他于凌晨2点先向大宫门侍卫报到，然后于清晨6点返回大宫门。当天咸丰下达谕旨，令7人觐见，郭嵩焘排在第4位。早上9点钟，他被“叫起”，由太监带领前往勤政殿东暖阁。咸丰告诉郭嵩焘到天津协防的目的。郭嵩焘指出，建造西式战船是加强海防的重要手段。咸丰以为此事冒进，财力不足以承担。君臣二人谈到国计民生问题，郭嵩焘希望能去除腐败之风，召集能干的文武官员到朝中做事，咸丰表示认可。随后二人闲聊，咸丰问及郭嵩焘是否留宿在圆明园里供翰林编修居住的宅院。郭嵩焘答道，这里已经没有空位，便住在朋友家里。

（五）秋审勾到

清代规定，每年的秋审斩犯均需奏请皇帝“勾到”。皇帝“勾到”要遵循一定的仪式。“勾到”当天黎明，在御案上放置黄册，皇帝就座后，大学士、军机大臣、刑部尚书、侍郎、内阁学士等官员都按班跪地。皇帝翻阅黄册，满族阁学一人跪于读本案前，逐个宣读人犯罪由，皇帝若说此犯“情有可原”，就免于笔勾；

若说“法无可贷”，就由秉笔大学士以朱笔勾其姓名，以示立即处决。雍正十一年，雍正御圆明园洞明堂，阅秋审情实招册，并谕刑部曰：“诸臣所进招册，俱经细加斟酌，拟定情实。但此内有一线可生之机，尔等亦当陈奏。在前日定拟情实，自是执法，在此刻勾到商酌，又当原情，断不可因前奏难更，遂尔隐默也。”

四、历史瞬间

（一）雍正韬光养晦

康熙晚年，诸皇子为谋求储位，各植私党，钩心斗角，皇位继承成水火之势。皇四子胤禛在这场储君争夺战中并不占优势，却最终胜出，他的继位与圆明园有一定的内在联系。

胤禛于康熙四十八年（1709）晋封雍亲王，也就是在这一年康熙为其赐园御题“圆明园”匾额。畅春园成为清代第一座离宫型皇家园林后，胤禛“以扈跸，拜赐一区”，这就是与畅春园近在咫尺的圆明园。康熙把胤禛的御赐花园安排在紧邻畅春园处，并亲笔题写园额，可见此时的胤禛至少不会遭到厌弃。据《康熙实录》记载，从康熙四十六年（1707）开始，康熙曾12次临幸圆明园游赏、进宴，最后一次是康熙六十一年（1722）三月二十五日，康熙专程来圆明园牡丹台欣赏牡丹，陪同侍奉的还有12岁的弘历。这也是弘历首次谒见其祖父。康熙见到聪明伶俐的小皇孙，异常喜爱，并传旨将弘历召入宫中培养。主宰中国命运长达130余年的康雍乾盛世的三朝天子，在这里首次汇聚一堂，被后世传为佳话。雍正云："欣承色笑，庆天伦之乐，申爱日之诚。花木林泉，咸增荣宠。"这场很可能是精心安排的会面意义非比寻常。康熙像发现宝藏一样把这个小皇孙随身带着，无论是在园居的畅春园，还是在避暑的承德，抑或在习猎的南苑，直至病逝。康熙曾当面夸奖弘历的母亲能生这个儿子是"有福之人"。胤禛继位不久即通过秘密立储的方式确立弘历为皇太子，雍正驾崩后，弘历一脉相承，顺利登基。乾隆后来记曰："皇考奉皇祖于圆明园之牡丹台观花侍宴，以予名奏闻，遂蒙眷顾，育之宫中……今岁于圆明园颜堂曰纪恩，并为记，以述承恩所自始，付托所荐重。"或许，胤禛、弘历相继承袭帝位与祖孙三代在圆明园的这次相会不无一定的关系。

事实上，胤禛也是在为谋取皇位而费尽心机，其心腹幕僚曾为他谋划了"诚孝皇父，和睦兄弟"的策略。胤禛按照这一策略，逐渐获取乃父信任，康熙曾派他到天坛代行祭天，而在古代这是很有象征意味的。胤禛擅长书法，颇得康熙赞赏，经常命其书写进呈，还以此赏赐近臣。胤禛恭奉康熙驾临圆明园，也是为赢得康熙欢心的一种刻意之举。当其时，不仅可以"申爱日之诚"，表明自己的“诚孝”，也可使晚年心境悲苦的康熙享受难得的作为一个普通老人的“天伦之乐”，一定程度上缓解了康熙晚年的烦躁和焦虑。在美妙的园林环境中，无形中增进了父子间的感情。胤禛处处投康熙所好，时时注意与父皇的感情维系。他善于揣摩父皇的心意，对康熙的喜好甚是了解。康熙关心农业，他便以康熙朝焦秉贞所绘《耕织图册》为蓝本，依样绘制一册《耕织图册》，别出心裁地将画面中农夫和农妇的形象换成自己与福晋的容貌，每页画上都亲笔题诗，并钤“雍亲王宝”和“破尘居士”两方印章。他以此表现自己向往田园生活的恬淡，以及对农业亲力亲为的意愿，从而赢得了皇父的器重。胤禛在感情上始终与康熙保持着比较亲近的关系，康熙称赞他“能体朕意，爱朕之心，殷情恳切，可谓诚孝”，感情的亲近很可能在康熙选择继承人时起到了关键作用。

圆明园是胤禛韬光养晦的所在，在这里他巧妙地将自己隐蔽起来。当时园内主要是葡萄院、竹子院、桃花坞、菜圃等比较自然的景物，具有文人隐士园的风格。胤禛在其中似乎过着清心寡欲的生活，他行动颇为低调，尽可能不插足兄弟间的争位斗争。他以坚忍的性格和四面周旋的态度回避了斗争锋芒。他把自己打扮成一个生活恬淡的富贵闲人，自诩“破尘居士”，营造不问荣辱功名的表象。他作诗表达自己向往的逍遥生活：“懒问沉浮事，闲娱花柳朝。吴儿调风曲，越女按鸾箫。道许山僧访，基将野叟招。

▲ 雍正像耕织图

漆园非所慕，适志即逍遥。”（《雍邸集·园居》）为表达与世无争、“安静守分”的态度，他还编辑虔心佛法、崇尚超脱的《悦心集》，抄录历代文人僧道恬淡闲适、超然物外的诗篇以明志。例如，书中收录“不知足诗”讽刺世人积极营求的结果，只是南柯一梦：“终日奔波只为饥，才方一饱便思衣，衣食两般皆具足，又想娇容美貌妻，娶得美妻生下子，恨无田地少根基，买得田园多广阔，出入无船少马骑，槽头结了骡和马，叹无官职被人欺，县丞主簿还嫌小，又要朝中挂紫衣，若要世人心里足，除是南柯一梦回。”实际上，这些只是胤禛散布的烟雾，旨在松懈竞争者的戒心和防备，他一刻也未放松过夺取储位的努力，只是在不露声色地窥测风向，暗自培植势力，凝聚实力，等待时机。最终，胤禛的戒急用忍、恬淡不争的外表，以及刻意表现出的既诚孝皇父，也友爱兄弟的态度，使他躲避了皇储争夺中的矛盾，最终得以安然无恙地坐收渔人之利。

（二）雍正勤政务实

雍正正式以皇帝身份驻跸圆明园时，曾谕内阁、部院各官：“应办之事照常办理，尔等应奏者，不可迟误。若无应奏事件，在衙门办事，不必到此。其理事之日，尔等于春末秋初可趁早凉而来；秋末春初，天时寒冷，于日初之前起行。”雍正告诫群臣，他并非来此玩乐，只是想给繁重的政务提供一个好的工作场所。然而，安逸的庭院气氛让大臣们没有认真对待皇帝的告诫。1726年一月二十日，当雍正在圆明园勤政殿准备听奏的时候，居然没有一个人进言，雍正不悦形之于色，随即发布上谕曰："朕因郊外水土气味较城内稍清，故驻跸于此，而每日办理政事与宫中无异，未尝一刻肯自暇逸。""倘廷臣不知仰体朕心，将陈奏事件有意减省，是不欲朕驻跸圆明园矣！"[1]这一天，雍正还规定了圆明园的轮奏制度。因各衙门奏事每日繁简不均，他下令"以后八旗定为八日，各分一日轮奏。部院衙门亦各分一日轮奏。六部之外，都察院与理藩院为一日，内务府为一日。其余衙门量事务之多寡附于部院班次。"[2]这样，每天都保证有一旗、一部来圆明园奏事，其他不当值奏事的衙门即便无事可奏，也要安排堂官到大宫门内外各自朝房值班，以备皇帝临时召见和交代事情。如果各部院和其他机构遇到紧要事件，可随时向皇帝报告，不必遵守已经排定的班次。朝臣们逐渐习惯了在圆明园处理政务，雍正待在圆明园的时间也越来越多，返回紫禁城的次数日渐稀少。

勤政务实是雍正为君的一个特点。纵观中国历史上的皇帝，

[1] 中国人民大学出版社编:《清史编年》第四卷，中国人民大学出版社1991年版，第175页。

[2] 中国人民大学出版社编:《清史编年》第四卷，中国人民大学出版社1991年版，第175、176页。

像雍正那样勤政的，可谓前无古人，后无来者。他在位期间，自诩“以勤先天下”，不巡幸、不游猎，日理政事，终年不息。雍正曾说：“予之不往避暑山庄及木兰行围者，盖因日不暇给……”[1]他常“自朝至夕，凝坐殿室，批览各处章奏，目不停视，手不停批，训谕数人，日不下千言”。[2]圆明园前朝后寝区是雍正日常办公、理政、寝食之地。在这里，他废寝忘食地勤于政务，常“自朝至暮，一日万机”。仅以“宣达下情，洞悉庶务”的朱批奏折而言，雍正朝现存汉文奏折35000余件、满文奏折6600余件，共有41600余件，他在位12年零8个月，约4247天，平均每天批阅奏折约10件，且一般多在夜间亲阅，其朱批皆出一己之见，从不假手于他人。“昼接臣僚，宵批章奏”是雍正园居生活最为重要的组成部分。

（三）雍正倡导三教

儒释道是中国传统文化的重要内容，三教合一是指儒教、佛教、道教三个教派的融和。雍正即位后采取了一系列的政治经济措施巩固中央集权，尤其在意识形态方面，他认识到儒佛道“三教之觉民于海内也，理共出于一原，道并行而不悖”，主张三教

[1] 乾隆《避暑山庄后序》，《清仁宗实录》卷一一八。

[2] 《清实录》，中华书局1985年版。

合一，成为中国历史上少有的三教并举的皇帝。雍正自幼饱读儒家经典，即位后采取了一系列的尊孔举措，如加封孔子先人为王爵、实施孔子名号避讳、下令修整孔庙等，以发挥儒教在巩固思想统治方面的作用。尤其在祭孔奠帛献酒时径向孔子行跪拜礼，自古以来，历代帝王都没有如此谦虚与恭敬地对待过孔子，特别是极为自负的雍正竟然虔诚到这种地步，实在让人意外。

儒释道不同风格的建筑在雍正时期就已出现在圆明园中，成为谈经论道、拈香拜佛的场所，也反映出雍正对三教兼收并蓄、交相为用的基本态度。雍正青壮年时与不少佛教高僧过从甚密，学习到了高深的佛学理论。即位后的雍正心知儒家思想不可替代，遂极度尊孔崇儒，同时拉抬佛教，使其成为儒教的助手，以巩固思想统治。雍正自称破尘居士、圆明居士，甚至宣称自己是“垂裳宇内一闲客，不衲人间个野僧”，是不穿僧服的野僧帝王。他还召集法会，亲自说法，有一次当场收门徒 14 人，包括长春居士宝亲王弘历、如心居士平郡王福彭、澄怀居士大学士张廷玉等。《御制语录》是雍正选编的佛学作品，该书第十二卷即《和硕雍亲王圆明居士语录》《圆明百问》是他个人的语录。

雍正是中国最后一位宠信道士、迷恋丹药的皇帝。雍正与道士的交往，从他在藩邸时就已开始了，即位后也频繁地与道士往来。道教认为人通过道术修炼，模拟自然界阴阳消长的周期运行规律，达到“生道合一”，即可获得永恒的生命。修炼方法大致可分为内修和外炼两大类。内修是指通过内炼精、气、神，使之在体内聚凝不散，达到养生延年的目的。外炼是指用天然矿物石药为原料，用炉鼎烧炼一种所谓的服后长生不死的丹药，以丹药固养形魄。在做皇子时，雍正就对丹药产生了浓厚的兴趣，并对炼丹有所研究。他有一首名为《烧丹》的诗云：“铅砂和药物，松柏绕云坛。炉运阴阳火，功兼内外丹。光芒冲斗耀，灵异卫龙蟠。自觉仙胎熟，天符降紫鸾。”这表现了雍正对道家丹药的认识。登基之后，他更是迷信道教方士的长生术和炼丹术。为炼制更多的金丹仙药并遮人耳目，雍正选中了圆明园福海东南隅山水间的别有洞天。这里依山傍水、十分僻静，是开炉炼丹的好地方。早在雍正七年，雍正得了一场大病，曾向心腹密臣发出谕旨，要他们推荐医生和道士。据档案记载，自雍正八年至十三年的五年间，在雍正的命令下，成百吨的煤炭被运进圆明园，用于炼丹。园内的紫碧山房、深柳读书堂等处也炼过丹，从档案可看到这些地方甚至在热天也要大量的煤、白碳、矿银、硫黄等炼丹所需之物。雍正吃了道士炼制的丹药，感觉良好，并拿出一些赏赐给出征打仗的将帅和宠臣。据清宫《活计档》载，雍正十二年三四月间，雍正曾两次赏发丹药。雍正十三年（1735）八月，雍正在圆明园猝然去世，其死因众说纷纭，但极有可能是因过量服丹药而中了铅毒。雍正死后三天，新君乾隆就下令驱逐张太虚等道士，并严谕他们不许透露只言片语，这种严厉态度可能同雍正食用丹药毙命有关。

（四）乾隆禁门较射

乾隆时期，凡武职官员和侍卫在圆明园引见，均要在出入贤良门外考核射箭技术，谓之“较射”。《啸亭杂录》记载，乾隆十九年，“上命八旗护军、前锋营每旗拣选善射者百人”，于出入贤良门习射。“其中优者，立为擢陞，岁以为常，大有安不忘危之意”。乾隆每岁木兰行围前，也命扈从王公、文武大臣在出入贤良门外习射，并亲自阅视。乾隆朝，在出入贤良门举行的较射活动参加人员数量较多，并以考核武职人员、提高八旗将士射箭技能为主。乾隆并多次赋诗记述较射活动，其中既有他亲御弓矢率众举行的较射活动，也有观看侍卫、武职人员、皇子皇孙比赛射箭的场景。有时他还邀请哈萨克等外藩使臣参加射箭比赛。如乾隆二十四年（1759）在出入贤良门外举行射箭比赛时，哈萨克使臣围观，乾隆发 20 矢，中 18 矢，最后一矢正中五重晕靶心。乾隆命哈萨克善于射箭的人一同参加比赛，从他们弯弓搭箭的动作和成绩来看，乾隆认为其射艺并不很佳。他说：“盖外夷或有习弓矢者，然较之满洲索伦，相去不啻迳庭矣。”而“外夷惟知重武宴会百戏，彼虽乐观，终不若示以射猎，彼乃诚心悦服，不敢轻视中国，故朕每于此亟亟焉。”他强调了每次向外藩使臣充分展示射艺的政治深意。

乾隆四十三年（1778），乾隆在出入贤良门阅侍卫射箭。参加这次射箭比赛的是每日轮值的20余名侍卫，把他们按三旗的次序排好，计划轮阅一周。在较射过程中，对于二发二中者，还给予奖赏，以资鼓励。嘉庆元年（1796）九月初六日，乾隆在出入贤良门外引见武职人员。此时他已禅位于嘉庆，身居太上皇，但仍政务繁忙。引见毕，乾隆命嘉庆率皇子皇孙等习射。按照雍正驻园时的规定，是日正当兵部值班。乾隆在观看射箭的同时，心中焦急地盼望捷报传来。原来，这一年三月，白莲教大起义在四川、湖北爆发。为剿灭白莲教，乾隆亲自调度指挥，不料“愈剿愈炽”，为此他沮丧至极。加之天气等原因，使他已有五年没有行围木兰。乾隆深感惭愧，在诗中写道：“坐观一矢未曾发，耄岁无能惭愧情。”可以看出这位严格奉行祖制家法、自诩“十全武功”、做事追求极致完美甚至有些骄傲自负的太上皇在出入贤良门前坐观射箭，心绪难平。“无能”二字道出了他面对大清王朝江河日下，而自己年事已高奈何无若的复杂心绪。[1]

[1] 邹爱莲主编：《清代档案与清宫文化》，中国档案出版社2010年版，193页。

（五）乾隆禅位嘉庆

乾隆六十年九月初三，乾隆在圆明园勤政殿召见皇子皇孙、王公大臣，公阅乾隆三十八年立储密旨，立皇十五子永琰（为避讳改称颙琰）为皇太子，即日起移居毓庆宫，以正储位。次日，颙琰及诸皇子、王公大臣交章上奏，恳请乾隆收回改元退位成命，继续担任皇帝，乾隆未允。颙琰于嘉庆元年（1796）正月初一受乾隆禅让而正式继位。但嘉庆继位后并不能独断朝纲，当了太上皇的乾隆仍掌握着最高决策权。嘉庆元年正月十四日，太上皇于圆明园赐皇子、亲藩等宴，一连三日皆如此，嘉庆均在旁用心侍奉。[1] 据朝鲜使臣记载，嘉庆元年正月十九日，太上皇在圆明园召见各属国使臣，并告诉他们："朕虽然归政，大事还是我办。"朝鲜使臣还记载说：嘉庆"侍坐太上皇，上喜则亦喜，笑则亦笑。"赐宴之时，嘉庆"侍坐上皇之侧，只视上皇之动静，而一不转瞩"。朝鲜使者直言，当其时，内廷用乾隆年号，外廷用嘉庆年号。

[1] 中国人民大学清史所编：《清史编年》，中国人民大学出版社 2000 年版，第七卷嘉庆朝。

（六）嘉庆惩处和珅

嘉庆四年正月初三日，太上皇乾隆驾崩。嘉庆得以亲政，贪婪擅权的和珅获罪伏诛，嘉庆没其园第，赐予成亲王永瑆。嘉庆定和珅二十大罪，其中有两条涉及圆明园，即“上年正月，皇考在圆明园召见和珅，伊竟骑马直进左门，过正大光明殿，至寿山口，无父无君，莫此为甚”；“所盖楠木房屋，僭侈逾制，其多宝阁及隔段式样，皆仿照宁寿宫制度。其园寓点缀，竟与圆明园蓬岛瑶台无异，不知是何肺肠”！嘉庆以迅雷不及掩耳之势拘禁、诛杀了权臣和珅，并罢黜、囚禁和珅死党福长安等人，但没有进一步扩大化，维护了王朝的稳定，嘉庆从此正式开始掌握清帝国的最高统治权。面对乾隆末年危机四伏的政局，嘉庆打出“咸与维新”的旗号，整饬内政，整肃纲纪，广开言路，黜奢崇俭。但遗憾的是，与其祖、父相比，嘉庆既没有政治胆略又缺乏革新精神，既没有理政才能又未能举贤任能，是一位差强人意的守成之君。嘉庆对内政的有限整顿，也未能从根本上扭转清朝政局的颓败。嘉庆朝上承“康乾盛世”，下启“道咸衰世”，是清朝由盛转衰的关键时期。

（七）道光期盼凯旋

道光重视武备，期望通过强大的武力做后盾，以维护祖业。道光二年正月十二日，他亲自定皇子、皇孙学习骑射之制。规定皇子、皇孙年至十五岁，皆令学习骑射，每月演习两三次。在京城内，则于紫光阁；在圆明园，则于阅武楼。十六岁时，学习鸟枪。每年春秋二季，在山高水长，一月演习一两次。[1]在绮春园含辉楼前，道光增辟了一处骑射场地，道光曾侍奉皇太后在此地阅视侍卫骑射。道光还亲手绘制过《绮春园射柳图卷》，这是一幅描绘绮春园射柳的实景图，全卷高 70 厘米，长 621 厘米，设色纸本，绘工精细。道光对这幅画非常重视，经常展示把玩，爱不释手，甚至四年间三次题诗跋署于画上。第一题跋署为“癸未（道光三年，1823）季春，含辉楼马射连中六矢，喜成御笔”。第二题跋署为“乙酉（道光五年）季春，含辉楼马射御题”。第三题跋署为“丙戌（道光六年）春三月含辉楼马射御题”。御园的骑射活动已成为演习和娱乐，而与之相对应，道光朝在西北的战事也取得了令他欣喜的胜利。清宫廷画师绘有《平定回疆战图册 · 赐宴凯旋将士》，该图描绘

[1] 中国人民大学清史所编：《清史编年》，中国人民大学出版社 2000 年版，第八卷道光朝，第 28 页。

▲ 道光绘《绮春园射柳图》

了道光八年道光在正大光明殿前赐宴平定回疆凯旋将士们的盛况。

（八）咸丰彷徨无助

咸丰名奕詝，为道光第四子，是清入关后的第七代皇帝。奕詝出生在九洲清晏湛静斋，在奕詝登基后，将之改名为基福堂。1850 年 2 月 25 日，弥留之际的道光在圆明园寝宫宣布立奕詝为储君，是日中午，道光驾崩，顾命大臣敦请奕詝“正尊位”。三月九日，奕詝正式在太和殿举行登基大典，成为咸丰皇帝。国家处于多事之秋，咸丰一度听从臣下的建议，长住在紫禁城里办公、理事，可是时间一久，他就有些熬不住，有意搬回圆明园。咸丰五年（1855），咸丰以“宫中行止有节”为由，决意移驻圆明园。同年，兵部左侍郎王茂荫奏请咸丰住在皇宫，不要驻跸圆明园，咸丰龙颜大怒，以“无据之词，率行入奏”为名，将王茂荫交部议处。不久，掌福建道御史薛鸣皋上奏建议不要“临幸御园，萌怠荒之念”。咸丰怒不可遏，严词驳斥：“圆明园办事，本系列圣成宪，原应遵循勿替……敬思我皇祖（嘉庆）当莅政之初，适值川陕楚教匪滋事，彼时幸圆明园，秋狝木兰，一如常时。圣心敬畏。朕岂能仰测高深。设使当时有一无知者妄行阻谏，亦必从重惩处。”咸丰搬出祖制来为自己辩护，封杀谏阻他去圆明园的言论。他下旨将薛鸣皋降级，并交部议处。咸丰强调圆明园居住、理政本是祖制，并非他的异想天开，他甚至指斥阻拦的大臣是为了博取敢谏之名。咸丰声称自己在哪都一样“敬畏”“忧勤”，他说：“敬肆视乎一心，如果意在便安，即燕处宫中亦可自耽逸乐，何必临幸御园始萌怠荒之念耶！当此逆氛未清，朕宵旰焦劳无时可释，无论在宫在园，同一敬畏，同一忧勤。”他还提出了证据，“咸丰二年在园半载，无非办理军务，召对臣工，何尝一日废弛政事”？咸丰最终搬入园中，成为享受这一梦幻家园的最后一位皇帝。1856年二月十八日，咸丰幸圆明园，御制书事示廷臣，曰：“予蒙天恩承考命，临御天下六年于兹，四海无一日安静，万姓罹兵燹之灾，返躬自问，天恩未报，祖考之恩未报，若稍自暇逸，是诚何心哉！予不敢亦不忍也。每逢亲诣郊坛，无不心增愧恧。今年新正幸园，敬循成宪，次日即恭值皇考忌辰，地犹斯地，言犹在耳，兴念及此，真堪一痛哭也。昕夕常思，何以使兵戢民安，仰答天祖之恩，惟有永励斯志，倍加敬勤，不愿徒托空言，务期躬行实践。尔诸臣或曾膺顾命，或简在贤良，既为国之大臣，当思共济时艰，即使天下既安，更妨怙嬉之渐。书曰：‘慎终如始’，我君臣其共勉之。”[1]

咸丰时期，清王朝的统治已是每况愈下、日薄西山，面临着

[1] 中国人民大学清史所编：《清史编年》，中国人民大学出版社2000年版，第九卷咸丰朝，第364页。

内忧外患的危机局面。而咸丰以后，清朝实质上已经再没有真正能掌握统治权力的皇帝了，同治、光绪不过是慈禧的傀儡，宣统更是徒具象征意义。从这个角度来看，咸丰虽不是亡国之君，但摆在他面前的内外局势，其实和明末崇祯皇帝的处境有很大程度的相似，不仅内部有汹涌的农民反抗斗争，而且外部更有敌对势力的虎视眈眈。咸丰元年（1851），太平天国起义爆发于广西；不久，太平军进军湖南、湖北；咸丰三年（1853），在南京建都，正式与清政府分庭抗礼。与此同时，西方列强以“修约”为名，处心积虑地准备对中国发动新的侵略战争。沙皇俄国则在东北兴师动兵，伺机强占中国领土。为挽救统治危机，咸丰即位伊始，在恩师杜受田的辅佐下，颇思除弊求治，企图重振纲纪。他任贤去邪，重用汉族官僚曾国藩，依靠其训练指挥的湘军镇压太平天国；提拔敢于任事的肃顺；罢斥了道光朝长期贪位保荣、嫉贤妒能的穆彰阿。此时的咸丰极力效法先祖的勤政风范，从《实录》中看，他工作极为勤奋，每天都有许多谕旨下达，其中不少是亲笔写的朱批、朱谕，且不劳军机大臣动手。1850 年，鸿胪寺卿吕贤基曾对友人说：“闻上（咸丰）常居飞云轩（位于勤政亲贤）倚庐，而云贵人常依康慈皇太妃居慎德堂，中隔一湖，相距二里许。飞云轩仅三楹，上寝食其中，读《祖训》《实录》，阅章奏及内廷册档，召见大臣皆于是。

除恭奠几筵及恭诣康慈皇太妃宫请安外，无他适也。”[1] 尽管他试图励精图治，但却收效甚微。面对无可奈何花落去的大势，特别是在杜受田去世后，咸丰日益趋于消极、颓废，开始沉湎于享乐之中，终至纵欲自戕，不能自拔。

五、万国来朝

经康雍乾三代倾心经营，到乾隆中期，清帝国已疆域广阔，四海升平。志得意满的乾隆以天朝上国自居，日渐沉湎于盛世表象中，彼时的圆明园成为宗藩联谊和对外交往的重要舞台，可谓“万国来朝”的中心。一方面，周边藩属国朝鲜、越南、琉球等，再加上内外蒙古各部王公，所谓的万国来朝也颇为壮观，对于传统的中华宗藩体制而言，清帝国确实巩固了这种幻觉。另一方面，以英国为代表的西方国家已开始跃跃欲试，意在开辟对华商贸和平等交往之路，英国先后派出了规模庞大的马嘎尔尼使团和阿美士德使团，这与历来的藩属国使节是有本质区别的，尽管清帝仍傲慢地以朝拜者视之。从现代国际关系的角度来说，西方使团的使命无非是前来打破清帝国矢志维持的宗藩体制的，在这种背景下，乾隆一味自我陶醉的万国来朝景象就显得虚无缥缈了。与紫

[1] 郭沛霖：《日知堂日记》卷上，中华书局 2007 年版。

禁城相比，圆明园对于藩属国和外国使节更具开放性。每年正月都要举行正大光明殿朝正外藩宴和山高水长武帐宴；正大光明亦为接见外国使节之处，英国马嘎尔尼使团就曾在此觐见过乾隆；同乐园经常举行赐宴藩属国使臣和外国使节的联谊宴饮活动；山高水长的元宵烟火晚会，各国使节可以莅临观赏；西洋楼则可以安排外国来使欣赏水法景观，如乾隆十八年，葡萄牙使臣巴哲格来京，乾隆赐观谐奇趣水法；每年端午前后的龙舟竞渡活动，外藩使臣和外国使节亦可莅临观赏；而与圆明园附属的近在咫尺的宏雅园，曾专门用来接待安置远人，马嘎尔尼使团和阿美士德使团均下榻于此。

（一）满蒙一体

清入关后，统治者吸取历代处理民族问题的经验教训，注重团结当时北方最强大的蒙古族。蒙古族人口众多，部系繁杂，力量强大，住地辽阔。满蒙关系是清朝维持统治的一个基础，正确处理与蒙古部族的关系是清朝政治的重要课题。为此，历代清帝都厉行“满蒙一体”的怀柔政策。从乾隆六年起，乾隆例于六七月之交自圆明园启程，先去避暑山庄稍事休息，八九月在木兰围场行围，并与蒙古王公贵族宴戏联欢，然后再回避暑山庄小憩，九十月返回圆明园。而圆明园在一定程度上起到了“北京的避暑山庄和外八庙”的作用。这里的藏传佛教设施以及蒙古民族风格的蒙古包景观对于前来朝拜的蒙古各部落具有重要意义。每年新正，山高水长必设武帐宴宴赏外藩王公和外国使臣，俗称大蒙古包宴，始自雍正朝，乾隆中期达到全盛。蒙古各部不仅参加此宴的人数最多，而且从不间断。山高水长和含经堂都设置有不同规格和体量的蒙古包，以供宴赏。乾隆三十四年正月，在山高水长搭盖 7 座蒙古包，居中最大者直径达 23 多米。乾隆御制《新正设武帐宴新旧外藩》诗注云：“所设武帐，中央穹窿径七丈余，中设御座，旁列宴席。”山高水长武帐宴和正大光明朝正外藩宴都在每年正月举行，较有规律，蒙古各部例必参加，而园内不定期的各种筵宴，他们也经常参加。在每年山高水长元宵烟火盛会中，蒙古族都要献演摔跤、骑马等项目。烟火盛会内容包括摔跤、马术、杂技、民乐、舞灯、烟火等多项表演，来京贺正的外藩王公和各国使臣被特许观礼，皇帝则频频赐食、赐茶果，所谓“庆节最宜三五夜，欢腾中外集西园”即指此。每年正月十五、十九日，即上元日和燕九日，凡在圆明园参加皇家宴赏的外藩王公和各国来使，都被特允在山高水长看完火戏后，随皇帝一起到同乐园观戏并参加宴会。清帝也经常特允一些外藩王公和外国使臣同观福海斗龙舟，这被视为殊荣。观赏西洋水法，亦是清帝礼遇外藩王公和外国使臣的惯常之举。在清帝的努力下，“满蒙一体”政策得到有效的贯彻执行，巩固扩大了统治基础。

（二）和睦朝鲜

朝鲜是与清朝保持最亲密关系的藩属国，在清帝眼里，朝鲜虽然“列在外藩”，但“于藩封中臣服最久”，“竟与世臣无异”。乾隆时，每年正月上元节朝鲜使臣进入圆明园参加节庆活动已形成一种定例。遇有特殊的庆典，以及在圆明园举办的其他重大活动也少不了朝鲜使者。圆明园被毁前，进入圆明园人数和次数最多的外国人就是朝鲜使臣。朝鲜使臣儒学文化水平较高，有的具有使用汉字赋诗成章的能力。乾隆喜好赋诗，每有朝鲜使臣入园，他都颁发命朝鲜使臣进诗的谕旨，而朝鲜使臣写的诗也很受他的夸赞。乾隆四十七年正月初十，朝鲜正使和副使奉旨入园，参加了正大光明殿的筵宴和山高水长的火戏，乾隆命使臣以上元设戏放灯为题赋诗，正副使臣各进一首，令他大为高兴，当场予以赏赐。乾隆对于朝鲜使臣特别重视，常给以最高规格的礼遇。乾隆《上元灯词》注曰：“御园正大光明殿赐宴观灯，每令朝鲜使臣与宴，并敕赋诗进览，亦颇可观。”朝鲜使臣也能够在圆明园山高水长欣赏到维吾尔族的“达瓦孜”表演，在同乐园观看戏曲演出，在福海乘船游览。乾隆五十五年为乾隆八十大庆之年，朝鲜、琉球、安南、暹罗、廓尔喀遣使朝正庆祝，被赐宴于御园。“诸国正使，高宗皆手把以赐。午刻宣示御制诗章，俾使臣能诗者恭和。于是朝鲜、安南、琉球三国使臣皆得拜效颂祝，并得诗九章。”乾隆有诗记其事，云：“武帐穹隆容百人，异数特宣首介近。分班各赐手卮亲，一家中外真和浃。”这一年朝鲜贺寿使节在圆明园活动22天，正副使入园11次，是进园最多的外国使臣，仅在同乐园观戏即有8次之多。“赐游福海”是朝鲜使臣在圆明园受到的极大优待，陪同者有军机大臣阿桂、福康安、福长安等乾隆朝重臣。此外，朝鲜使臣还游览了黄花阵欧式迷宫，瞻仰了西洋楼水法。这次朝鲜使臣得以幸运地也比较系统地参观了圆明园。

（三）中英接触

追溯中英关系史，马嘎尔尼使团来华无疑是极具影响的外交事件之一。英国国王以给皇帝祝寿为名向中国派出了马嘎尔尼率领的庞大使团，于1793年7月底到达天津。使团人数多达近百人，对礼品的挑选也十分精心，包括天体运行仪、地球仪、先进的枪炮、利剑、望远镜、军舰模型等，这些几乎都是当时世界上最先进的产品。马嘎尔尼于8月21日下午到达圆明园，并被安排居住于附近的宏雅园。乾隆因英使是为自己祝寿，下旨予以优待，但仍将之视为“贡使”，要求英使行三跪九叩大礼。经过一系列交涉，乾隆于9月14日在避暑山庄接见了马嘎尔尼，但至于是否行过三跪九叩之礼则因双方记载严重背离，不得确切而知。乾隆于9月30日回到北京，不久，在圆明园观看了英国礼物。在他眼中，这些仪器仅为“效法天地转运，测量日月星辰度数，在西洋为上等器物，要亦不过夸大其词而已。现今内府所制作仪器，精巧高大者，尽有此类，其所称奇异之物，只觉视等平常耳”。10月3日，马嘎尔尼提出了几项乾隆无法接受的要求，导致他极为不快，遂下令使团从速撤离，并任命钦差大臣专门护送使团启程离京。在给英国国王的“敕谕”中，他声称“天朝物产丰盈，无所不有，天朝不宝远物，不贵奇巧”，其夜郎自大的态度显而易见。由于一方是咄咄逼人的欲求，另一方是天朝上国的傲慢，马嘎尔尼使华注定是不会取得成功的。

马嘎尔尼使团虽未达到预期目的，但双方接触的氛围还比较温和，并为以后的进一步沟通奠定了一定基础。马嘎尔尼为圆明园的辉煌所震惊，但他也意味深长地指出：“大清国好比是一艘破烂不堪的头等战舰，它之所以在过去150年中没有沉没，仅仅是由于它的体积和外表。但是，一旦有一个没有才干的人在甲板上指挥，就不会再有纪律和安全了。”

马嘎尔尼访华失败，并未使英国打消对华通商的念头。之后，英国又派遣了以阿美士德为首的共600余人的使团，带着曾由马嘎尔尼提出的那些外交、商务要求，于1816年再次到达中国。

▲ 正大光明殿天文仪器图（清人绘）

乾隆之子嘉庆和其父一样，把使团看成是向中国“进贡”的，觐见皇帝的礼节又成了争执的焦点，并最终导致这次使团访华成为完全失败的事件，徒增了双方的恶感，两国关系也逐渐走上对抗取代沟通的道路，更为后来的中英鸦片战争埋下了伏笔。

圆明园地域广阔、景物众多、功能齐全，是具有多种用途的综合体，帝后的起居、宴集，君臣的骑射，以及观剧、祭祖、礼佛、政务等功能都包含其中，而最主要的是听政和园居这一双重功能。

第五章　园居生活

▲ 胤禛朗吟阁读书像

一、皇帝的家

对清帝而言，圆明园不是风景名胜，不是郊野公园，而是他们美丽、温馨的“家”。这里的“皇家宫苑”不仅暗含皇家的属性，也更明确了“家”的属性。在紫禁城中，皇帝们的行动颇多限制；若园居，则除政务外，其余行动可不受约束，相对自由得多。加之园林景色优美，天地广阔，可使他们更随心地耽于园林之乐。园林不同于轴线对称、主从分明、处处体现着封建礼制与伦理秩序的宫殿，多渗透着自由的气氛和诗情画意的气质。正如乾隆所言：“若夫崇山峻岭，水态林姿，鹤鹿之游，鸢鱼之乐。加之岩斋溪阁，芳草古木。物有天然之趣，人忘尘世之怀。较之汉唐离宫别苑，有过之而无不及。”圆明园“四时之景不同，而赏心乐事者亦与之无穷”。皇室成员们长期优游于此，他们可以在河湖泛舟，在福海观赏龙舟竞渡、河灯，乘坐冰床游赏；在藏书楼读书、在同乐园等戏台听戏、在山高水长欣赏元宵火戏；在买卖街陶醉于模拟市井街市的别样风情；在北远山村、多稼如云等地享受农桑、田园和水乡景致；在西洋楼欣赏各式各样的西式水法；他们还可以在园内拈香拜佛、登高揽胜、宴饮咏对。皇室贵族们在圆明园这一人间仙境中过着锦衣玉食的生活。

乾隆曰："帝王临朝视政之暇，必有游观旷览之地，然得宜适以养性而陶情。"清帝每年都有大半时间居住园中，并把所谓的"日理万机"与优游之乐合于一处；把园林的憩静幽雅和繁冗复杂的政务结合在一起，享有心旷神怡的安逸，而在紫禁城中的时间反而较少。紫禁城内阴森、肃杀，怎及有亭台园林之胜的圆明园，所以"上心悦豫，殚精构造，曲尽游观之妙……内廷大臣，赐第相望。文武大臣并从直园林，入直奏对，昕夕往来，络绎道路。"[1] 每年"自新正郊礼毕移居园宫，冬至大祀前始还大内"，"盖视大内为举行典礼之所，事毕即行，无所留恋也"。这就是说，在一般情况下，清帝每年正月行郊礼完毕即来御园，直到冬至大祀前夕，才打点回宫。"初次幸园，具卤簿，作乐以迓新韶吉祉。初次由园回宫，礼亦如是。如值斋期，则排羽仗，而设乐不作。至冬还宫，向时多以仲月，其后或以季月，宫眷皆从，俗

[1] 徐树钧：《〈圆明园词〉序》。

谓之大搬家。”乾隆十七年二月规定：前此帝幸圆明园及进宫之日，王公大臣照例迎送。此后“若有卤簿，王公大臣等照常迎送；若无卤簿，毋庸迎送”。[1]可见，皇帝每年由皇宫到圆明园都有庞大的銮仪前呼后拥地护送，又有排列整齐的仪仗队奏乐迎接。届时皇太后、皇后嫔妃、皇子公主等眷属都一同随往。待入冬后，迁回大内时，也是“宫眷皆从”。这种每年两度的浩浩荡荡大迁居就是“大搬家”。

圆明园是清帝长期园居的大型皇家御园，除了外出巡游，一年之中的绝大部分时间都是在圆明园度过的。从雍正到咸丰，五朝皇帝驻跸圆明园的时间，全都超过其宫居紫禁城的时间。具体而言，雍正十几年的帝王生活，除冬日在紫禁城略住几十日之外，主要在圆明园居住。除去为康熙及太后服丧的时间外，从雍正三年雍正首次以皇帝身份驻跸圆明园至雍正十三年病逝于圆明园，他累计居住 2314 天，平均每年 210 天。雍正十一年，全年共计 355 天，雍正有 246 天生活在圆明园，占全年天数的 70%。乾隆的活动范围较大，除紫禁城、避暑山庄、南巡、东巡之外，也是长期在圆明园居住。乾隆在 58 年间累计在圆明园居住 7310 多天，平均每年 126 天（紫禁城宫居年均 110 天），在圆明园居住的时间看似不长，但实际上仍然比在宫内居住的时间要多一些。乾隆

[1] 中国人民大学清史所编：《清史编年》第五卷，中国人民大学出版社 1991 年版，第 420 页。

二十一年，有闰月，全年共393天，乾隆去热河行宫及木兰围场66天，去曲阜54天，其余居大内105天，居圆明园168天。嘉庆驻园时间年均162天（宫居年均135天）。嘉庆之后，皇帝在圆明园居住的时间更长，尤其道光在园居住的时间一般每年要接近300天，年均驻园多达260天（宫居年均不足91天）。道光时期，国力衰弱，道光宁可裁撤避暑山庄、清漪园等园林的陈设，也要保证圆明园生活起居的完备与安逸。他住在园内的时间越来越长，最多的一年达354天（有闰月）。道光二十四年，全年共347天，道光在园内居住274天，在宫中居住73天，该年冬至前道光奉太后回宫，次年正月初九又到圆明园。咸丰也酷爱在园内居住，他在1860年出逃避暑山庄前，驻园7年，年均也达216.6天。圆明园罹劫的咸丰十年，他仍在圆明园住了212天。

圆明园地域广阔、景物众多、功能齐全，是具有多种用途的综合体，帝后的起居、宴集，君臣的骑射，以及观剧、祭祖、礼佛、政务等功能都包含其中，而最主要的是听政和园居这一双重功能。清帝不喜欢久居于紫禁城高屋大墙下的封闭空间，而更乐意把政务移于园林空间来。在圆明园，帝后寝息处所的设置，既有较为固定、集中的寝宫区，又能随处而憩。清帝的主要寝宫在九洲清晏，包括九洲清晏殿及前期的乐安和，后期的慎德堂、同道堂等；妃嫔寝宫主要在天地一家春；皇太后寝宫主要在长春仙馆及绮春园敷春堂；太妃太嫔寝宫则主要在敷春堂的东西二所、东南所；

皇子除了各有赐居之地外，一般也在园内洞天深处上书房附近起居读书。在园居住时，清帝并没有沉湎于游山玩水，他们也注重揭示或彰显圆明园的政治及文化隐喻，并常常由园林景观联想到修心治世。营造园景时往往刻意以儒学的治世思想为宗旨，常常寓自然景物以道德、伦理、政治的内容，把艺术作为一种教化的手段，即运用园林艺术作为教化工具，以之警铭自己、教育后代、训诫臣工。这一点正如康熙在《御制避暑山庄记》中所言："玩芝兰则爱德行，睹松竹则思贞操，临清流则贵廉洁，览蔓草则贱贪秽。"历代清帝用心良苦，无非是让园居环境的功能和效益得以最大化，以达到自我标榜、笼络人心，最终巩固统治的目的。

二、五帝居园

（一）圆明主人——雍正

雍正名胤禛，为康熙第四子，1722—1735年在位。雍正勤于政务，大力清除康熙朝后期的各种积弊，是一位勇于改革的皇帝，对清代历史发展有一定贡献。雍正的勤政精神、治国业绩，在中国古代帝王中堪称楷模。正是因为他超乎寻常的努力，才使得大清帝国逐渐走向鼎盛，为康乾盛世起了承前启后的作用。雍正认为自己“虽不敢媲美三代以上圣君哲后，若汉唐宋明之主实对之不愧”。事实上，这话也是比较中肯的。

胤禛原被封为雍亲王，受赐圆明园，他是圆明园的第一位主人，自称“圆明居士”“圆明主人”，并有“圆明园宝”“圆明园”“朗吟阁”“御赐朗吟阁宝”“朗吟阁书画记”“朗吟珍赏”“四宜堂”等印章50余方。赐园时期的圆明园不追求奢华和宏大，只在意其中的雅致和宁静，“贵精不贵丽，贵新奇大雅，不贵纤巧烂漫”（李渔）。平静、素朴、精致是其基本特色。朗吟阁是胤禛读书之处，故宫博物院今藏有一幅胤禛在该阁读书的肖像画，似为皇子时期的画像。画中的胤禛端坐窗前，凝神思索，旁边书案上置有书册纸卷，有侍卫三人在旁边侍奉。屋外树木枝繁叶茂，麋鹿、祥鹤围绕屋边，寓示吉祥兴盛，人物表情流露出祥和的神态。圆明园“四宜书屋”位于福海北岸，一年四季宜于居住，雍正常休憩于此，他的诗文集即以《四宜堂集》命名。雍正具有浓郁的文人气质，并擅长书法，常为园内景观题写匾额与对联。《石渠宝笈》续编记载了两套由乾隆御旨命臣工精心摹刻的雍正法帖，其一为《四宜堂法帖》，其二为《朗吟阁法帖》，二者都是用雍正在圆明园的书房所命名。

雍正在位期间，日常活动范围非常有限，几乎就在紫禁城和圆明园之间，繁忙的政务使他几乎未离开过京城，也没有像父亲康熙和儿子乾隆那样巡游南北。雍正是个相对勤俭的皇帝，兴建圆明园是他最为奢侈的一项挥霍。雍正生活上注意节俭，在福建巡抚黄国材奏折上，雍正朱批道："奏事的折子也一概用绫绢为面，物力艰难，殊为可惜，以后改用素纸就行了。"雍正一再声明，自己在圆明园居住是为了"少屏烦喧"、更好地理政，但是追求享乐是统治者的本能，园中的生活总是要少一些礼仪拘束，多一些娱乐休闲。雍正虽以"不喜华靡""崇俭不奢"自称，但对声色犬马也并非无动于衷。作为一国之君，他同样要享受生活，狭小的生活范围并不影响他以自己的方式体验帝王生活的快乐。由于长期固守宫禁，雍正对宫中陈设观赏、日常生活所用的器物产生了极大兴趣，以至于对瓷器制作的具体过程都要详细过问，这在历代皇帝中实属罕见。

雍正对鼻烟壶这种西洋奇巧之物十分喜好，对制作鼻烟壶经常有些特殊要求，每样都要先制样，待他同意后再照做。雍正二年后，造办处所制鼻烟壶几乎完全是按照雍正旨意制作的。他还频繁地将鼻烟壶赏赐给文武大臣。雍正对瓷器艺术具有浓厚的兴趣，当时的内务府兼管御窑厂督窑官年希尧，协助督窑官管理御窑厂的唐英，在雍正授意下，按照宫廷提供的画样或者木样，不断烧造出仿钧窑、汝窑和其他名窑的瓷器。如雍正四年四月二十三日，据圆明园来帖称，员外郎海望奉旨："着照官窑缸的尺寸画样呈览，交江西烧瓷器处烧造，钦此。"雍正还曾下令将一些仿钧窑瓷器作为观赏品陈设于圆明园。雍正酷爱珐琅彩瓷，甚至亲自参与设计及制作，对使用的原料、绘画图案，乃至器物的样式、高矮尺寸都一一过问。雍正款瓷器多具秀美精巧风貌，造型特征可用“秀”字来概括，器物线条间各部分比例非常协调，规矩方圆一丝不苟，十分符合雍正的个人气质和审美品位，具有鲜明的时代特征。

雍正热衷于为自己绘制肖像，常要画师为他画一些行乐图。这也许是雍正在繁忙紧张的政务之余，放松身心的一种独特方式。圆明园的美景也因此保留在了许多传世的雍正“行乐图”中，画中的雍正犹如一个生活优裕清闲的文人雅士。雍正一般给人们的印象是性格多疑、为人狠辣，但是在他留下的众多行乐图中，似乎可以看到一个自信坦然，还带着一些幽默感的君主。他的肖像和行乐图，既不像康熙那样总是正襟危坐，也不像乾隆那样耀武扬威，而是变换出各种面貌，简直如同一场花样迭出的“模仿秀”，如吟诗的李白、偷桃的东方朔、乘槎升仙的老者、身披袈裟的僧人，甚至还有着西洋服饰、戴假发的猎手。这些反映出雍正是个很有情趣的人。以他一生政务之繁忙来看，这是他难得的一种生活状态了。

《十二月令行乐图》轴，绢本，设色，纵 187.5 厘米，横 102 厘米。这套图并不是完全写实的作品，其中的景观应该是画家结合圆明园的建筑与自己的想象而创作的。画面以山水楼

▲ 雍正赏花图

▲ 铜镀金嵌珐琅望远镜

▲ 雍正西洋服装像

▲ 腊月赏雪（雍正十二月令行乐图）

阁为主，建筑描绘细腻，其中既有中式园林建筑，又有西式亭台楼阁，还有中西合璧者。十二幅图表现了12个月的不同节令风俗，也展现了宫廷生活的各个场景及雍正的日常生活状态。按四季顺序排列，依次为“正月观灯”“二月踏青”“三月赏桃”“四月流觞”“五月竞舟”“六月纳凉”“七月乞巧”“八月赏月”“九月赏菊”“十月画像”“十一月参禅”和“腊月赏雪”。雍正五年六月初三，雍正在圆明园召见西洋传教士宋君荣、巴多明、戴进贤、郎世宁等人，重申清廷对天主教的政策。雍正明白宣称：“朕知尔等是好人，但朕不需要传教士。”虽然雍正对基督教采取了严厉的态度，但也并不掩饰他对西方世界的好奇和兴趣。西洋的器物玩意儿，他都欣然接受，如温度计、望远镜、玻璃眼镜等，并令内府仿制。对于有一技之长，能够为清朝宫廷提供服务的传教士，雍正也是礼遇有加。意大利传教士郎世宁就曾画过多幅为雍正祝寿的绘画，深受赞赏。花草是圆明园优美环境的有机构成部分，雍正有一首《花下偶成》，诗云：“对酒吟诗花劝饮，花前得句自推敲。九重三殿谁为友，皓月清风作契交。”《雍正观花行乐图》轴，绢本，设色，纵204.1厘米，横106.6厘米。为雍正君臣赏花游乐的情景，因无题识记载，画中人物不得而知，但据服饰穿戴来看，应该是雍正及其宠信的王公大臣。

（二）长春居士——乾隆

乾隆名弘历，是雍正第四子，在位 60 年，退位后又当了 3 年太上皇，终年 89 岁。他是一位“既仁慈，又残暴；既英明，又短视；既充满巨大智慧，又浅薄虚荣”[1] 的皇帝。乾隆倾心于传统文化，有较深的造诣，他崇尚风雅，寄情翰墨，诗书画兼长。他曾自负地宣称：“即以汉人文学而论，朕所学所知，即在通儒未肯多让，此汉人所共知。”[2] 赵翼在《簷曝杂记》中对乾隆的才学亦倍加称赞：“上圣学高深，才思敏赡，为古今所未有。御制诗文如神龙行空，瞬息万里。”

乾隆的一生与圆明园有不可分割的紧密联系，他在园里的活动留下的影响最为广泛，也最为深远。他给这个旷世园林打上了自身不可磨灭的印记。在圆明园成为万园之园的过程中，他本人发挥了极为关键的作用。比如，圆明园四十景，是乾隆定型完成的；圆明五园的宏大格局，是乾隆拓展归并的；西洋楼景区的建设，也主要是因为乾隆的好奇心理；圆明园里的珍贵收藏，大多是在乾隆时代形成的。乾隆有着真挚的圆明园情结。他从小就生活在圆明园，并在园内第一次拜谒了皇祖康熙。他多次声称自己与圆明园同庚，并将园中的老松、玉兰都当作同年好友，写下了

[1] 当代著名历史学家戴逸语。

[2] 郭成康：《乾隆正传》，中央编译出版社 2006 年版，第 605 页。

很多怀念的诗文。皇子时期的弘历居住在后湖西北的桃花坞，后又移居长春仙馆。桃花坞内有一处书房，名乐善堂，弘历写过一篇《乐善堂记》，记述当时读书境况："余有书屋数间，清爽幽静，山水之趣，琴鹤之玩，时呈于前。菜畦数亩，桃花满林，堪以寓目。颜之曰'乐善堂'者，盖取大舜于人以为善之意也。"后来做了皇帝，他将桃花坞改名为"武陵春色"。六岁以后，弘历照例要到园内的上书房接受系统的教育。结婚后，他和福晋富察氏相敬如宾、恩爱异常，他们被雍正赐居于长春仙馆。这时的弘历关心农业生产，注意了解民间疾苦，他在圆明园内开辟一小片土地，督促太监们种麦莳菜，以体验农事。他经营这片土地相当认真。天旱，麦苗枯萎时，他指挥太监们用心浇灌，救活麦苗。[1]

清朝在帝位承传上有所谓"秘密立储"的家法。雍正即位之初即手书传位密旨，放置在乾清宫"正大光明"匾后，为防不测，另书写一份密旨副本秘藏于圆明园。雍正暴卒后，张廷玉等大臣在圆明园找到密旨副本，当众宣读，乾隆正位。即位后的乾隆曾在《圆明园后记》中谈及对园居生活的看法，他认为帝王在完成政务、远离朝臣后，必须拥有能在其间随意徜徉、观赏、放松心智的场所。所谓"帝王临朝视政之暇，必有游观旷览之地"。乾

[1] 戴逸：《戴逸自选集》，中国人民大学出版社 2007 年版，第 118 页。

隆在御园中的生活很有规律，根据季节变化有不同的安排。除去重要的政事活动外，他照例经常到畅春园去向皇太后问安。琴棋书画、品茗饮酒、作诗赋词则是乾隆类似文人雅士园居生活的重要内容。

乾隆喜欢写诗，他创作的诗被收进《御制诗初集》，共5集，41800首，诗作的数量直追《全唐诗》。他退位后的《御制诗余集》和即位前的《乐善堂集》，还不包括在41800首之内。著名清史专家戴逸先生评论乾隆是“中国诗史上创作最宏富的第一名多产诗人”，又说：“其诗作之多，有史以来，首屈一指，无人可望其项背。”[1]凡遇军国大事、时令佳节、喜庆盛典、哀乐闲情，皆有吟咏。他有时还写诗赐给臣下以示宠信。乾隆自己说：“其间天时农事之宜，莅朝将祀之典，以及时巡所至，山川名胜，风土淳漓，罔不形诸咏歌，纪其梗概。”[2]乾隆诗文的水平可以讨论，但他一生写下大量诗篇，而且有些诗在史料价值上极为珍贵。这些诗是乾隆一生政治活动和日常生活的实录，他执政期间所发生的重大历史事件在诗中都有所反映。圆明园的美景、圆明园的人和事为乾隆写诗提供了多样的素材，写诗抒怀是乾隆园居生活的一种乐趣。据不完全统计，乾隆御制有关圆明园的诗文接近3000篇。

---

[1] 戴逸：《乾隆帝及其时代》，中国人民大学出版社1992年版，第389 ~ 390页。

[2] 《清高宗实录》，中华书局1985年影印版，卷342，第25页。

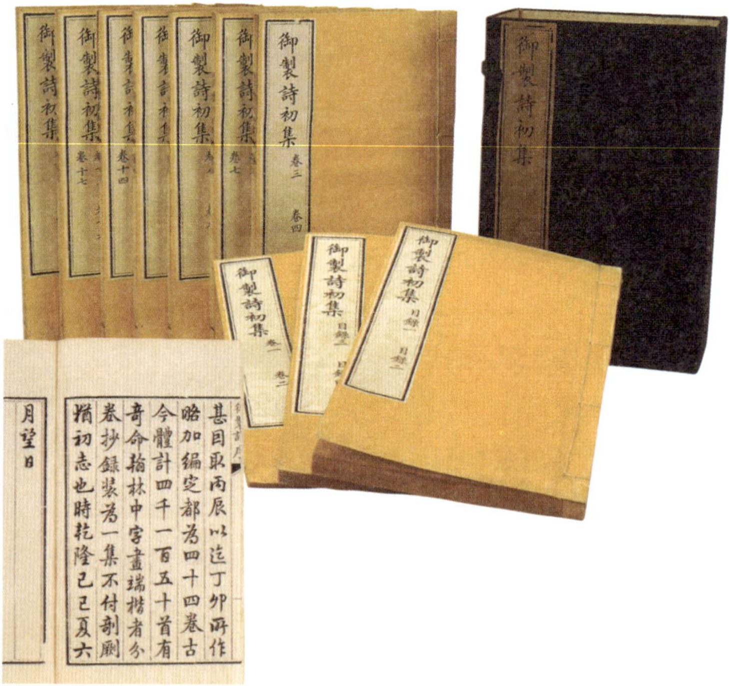
御製詩初集
甚因取丙辰以迄丁卯所作
略加編定都為四十四卷古
今體計四千一百五十首有
奇命翰林中字畫端楷者分
卷抄錄裝為一集不付剞劂
猶初志也時乾隆己巳夏六
月望日

▲ 乾隆《御制诗初集》

乾隆收集到众多历代法书及名画真迹，并命令编辑了《秘殿珠林》《石渠宝笈》两部书画藏录。乾隆热衷于书法艺术，他将王羲之的《快雪时晴帖》、王献之的《中秋帖》、王询的《伯远帖》珍藏于他的书房，并命名为三希堂。乾隆还先后令于敏中、梁国治等大臣组织刊刻了《三希堂法帖》《墨妙轩法帖》和《淳化阁帖》，“用嘉惠海内操觚之士”[1]，供普通士人临摹之用。日常政事之余，乾隆常以书法自娱，浸淫于书法创作，并在内府的书画藏品上留下大量的诗文题记。乾隆的书法圆润秀发，晚年笔法则由清秀流利渐变为浑厚圆劲，但也有人认为他的书法“虽饶承平之象，终少雄武之风”。乾隆也能绘画，“万几之暇，惟以铅丹从事”。他兼擅山水、花草、兰竹、梅花、折枝，间或画佛像，亦只需数笔即可勾勒而成。乾隆承袭古代帝王书画鉴赏的传统，因而清宫藏画大部分是他收集的，画上的题跋也以他的为最多。他还安排若干宫廷画家和雕琢玉器、褙贴轴的工匠在如意馆工作，自己也不时临幸馆内观看画家作画。乾隆出巡时还带着画师，即景绘画，并根据画意在御园内仿建各地胜景。由于他的奖掖提倡，乾隆一朝，画坛人才蔚起，精品佳作异彩纷呈。郎世宁从康熙五十四年（1715）到中国，一直在内廷行走，为皇帝作画，受到三朝清帝的赏识和器重。

[1] 《清高宗实录》，中华书局 1985 年影印版，卷 828，第 11 页。

乾隆嗜茶如命，还效法古代文士，把文人茶会搬到宫廷。宫中茶宴在每年正月初二至初十选吉日举行，主要内容就是作诗和品茶。乾隆八年至六十年的52年间，除因皇太后丧事之外，48年中乾隆都大摆茶宴。[1]故宫博物院藏有一把乾隆紫砂御题诗烹茶图壶。壶腹一面长方形委角开光内刻乾隆御题诗《雨中烹茶泛卧游书室有作》七言诗："溪烟山雨相空濛，生衣独做杨柳风。竹炉茗椀泛清濑，米家书画将无同。松风泻处生鱼眼，中泠三峡何须辨。清香仙露沁诗脾，座间不觉芳隄转。"另一面堆绘庭院烹茶图。"卧游书室"为御用大型画舫，常泊于圆明园福海北岸藏舟坞，乾隆亦曾乘此船游览江南。古人喜欢用雨水、雪水甚至露水烹茶，乾隆则更为风雅，他喜欢用荷叶上的露珠集中起来的水烹茶，名为荷露清茗。他命侍从在夏秋之际选取荷露以作烹茶之水，一边赏荷风莲香，一边品荷露清茗，十分惬意。台北故宫藏有一件"描红荷露烹茶诗茶壶"，一面绘荷塘莲花，一面书乾隆题诗："秋荷叶上露珠流，柄柄倾来盎盎收。白帝精灵青女气，惠山竹鼎越窑瓯。学仙笑彼金盘妄，宜咏欣兹玉乳浮。李相若曾经识此，底须置驿远驰求。""荷露烹茶一律，乾隆己卯新秋御制"。壶上诗文为乾隆二十四年（1759）所作，诗题为《荷露烹茶》。

乾隆标榜"以孝治天下"，刚即位即尊其母为崇庆皇太后，

[1] 苑洪琪：《乾隆时期宫廷节庆活动》，见《故宫博物院院刊》1991年第3期，第81页。

▲ 乾隆御制诗茶具

此后凡遇大庆典，必加上徽号，每有巡幸也多奉太后同行，太后一生随乾隆南巡、东巡、幸五台山各 3 次。此外，谒东、西陵和秋狝木兰更是每年必至。特别是太后六十、七十、八十圣寿，乾隆进九九寿礼，凡亲制诗文书画、如意佛像、金玉古玩，乃至西洋奇珍，无不具备。不仅寿礼丰盛，庆典隆重，乾隆自己还身着彩衣，手捧酒觞，跳“喜隆庆”舞庆贺。出猎时猎获野味，乾隆也送给太后品尝。园居期间，乾隆奉皇太后在畅春园和圆明园长春仙馆居住，除了每天给太后请安外，还经常奉迎皇太后在圆明园及周边园林游赏。乾隆曾说：“每岁冬朕自圆明园进宫，圣母以风景清胜尚留园居，至节近万寿进京，朕间数日赴畅春园问安，率驻御园信宿，以便再修定省，凡来往三四次遂恭奉慈驾还宫。”[1]皇太后于乾隆四十二年在长春仙馆病逝，乾隆十分悲痛。其《仲

[1] 中国圆明园学会主编:《圆明园 4》，中国建筑工业出版社 1984 年版，第 67 页。

夏清晖阁》诗云："高阁清晖卧室西，思量灯夕益心悽。园居已切怀惭矣，景问那能志畅兮。"为表达哀思，乾隆修建颇具规模的泰东陵安葬皇太后，还命制作金塔一座，供奉皇太后的头发。

皇子时期的弘历已有数个妻妾，但与嫡福晋富察氏情投意合，感情最为融洽。富察氏人品、性情、相貌俱佳，十六岁与弘历成婚，此时的弘历已被雍正密定为皇太子，雍正选她作为弘历的嫡福晋，可见是把她作为未来的皇后来考虑的。乾隆即位后，富察氏随之成为皇后。乾隆是个孝子，皇后也生性纯孝，皇帝日理万机，问安视膳难免有不周之处，皇后却总能代皇帝尽到孝养之心。每逢佳时令节，乾隆便把皇太后接到圆明园长春仙馆，这本是雍正赐给弘历夫妇园居时的住处，乾隆即位后，这里仍为皇后在圆明园的宴息之所，直至她去世。每当太后来时，婆媳俩和和美美，胜似一对亲母女。太后好动，喜欢热闹，皇后总是想方设法地让太后高兴。有这样一个既孝且贤的好妻子，乾隆深深感到家庭生活的美满。乾隆十三年，富察氏去世，谥号为孝贤皇后。乾隆对爱妻的离世深感悲痛，此后的数十年间，他写给富察氏的悼念诗竟有上百首，是他所写数以万计的诗篇中最见真情的佳作。自从结发贤妻富察氏病逝后，在此后的数十年间，乾隆就再没有一个后妃能像孝贤皇后那样去平抚皇帝孤寂、焦躁不安的灵魂了。

乾隆和弟弟弘昼、弘瞻亲情弥笃，尤其和五弟弘昼更是一起成长、玩耍，并同在洞天深处上书房上学读书。乾隆即位后，有一次命和亲王弘昼在正大光明殿监视八旗子弟考试，乾隆迟迟未退席，弘昼请皇帝退朝就食，乾隆怕八旗士子习性顽劣，夹带作弊，仍不退朝。弘昼发起小脾气来，对皇帝说："你难道连我也不相信，怕我被士子们买通了吗？"对皇帝说这种话，极不恭敬。乾隆很不高兴，但没有说话，即退朝走了。后来有人提醒了弘昼，第二天，弘昼向皇帝请罪，乾隆告诫他："昨天，如果我答复一句，双方顶撞起来，你就该粉身碎骨了。你的话虽然不好听，但我知道你内心友爱，故而原谅了你，今后要谨慎，不要再说这种话了。"[1]乾隆的幼弟弘瞻，乾隆即位时只有两岁，这位小弟弟似乎从小就对乾隆怀着畏惧的心理，因他幼时常住在圆明园，故称圆明园阿哥。有一次，幼小的弘瞻在园内玩耍，乾隆看到了他，召他近前想和他说话，他却害怕皇帝哥哥，一溜烟跑掉了。乾隆满心不悦，又不好责怪小孩子，只好把太监们骂了一顿。[2]

乾隆是历史上最高寿的皇帝，五代同堂，儿孙满堂。乾隆六十五岁时，喜得一女，即和孝固伦公主，俗称十公主，他对小公主宠爱有加。《竹叶亭杂记》记载了一则关于乾隆、和孝公主与和珅在圆明园同乐园买卖街购物的逸事，饶有趣味。据说有一年，乾隆带着最宠爱的和孝固伦公主逛买卖街，此时的小公主已许配给和珅之子丰绅殷德，乾隆戏称和珅为小公主的丈人。小

[1] 戴逸：《戴逸自选集》，中国人民大学出版社 2007 年版，第 96 页。
[2] 戴逸：《戴逸自选集》，中国人民大学出版社 2007 年版，第 98 页。

公主吵着要一领大红夹衣，皇帝就指着随侍在旁的和珅对公主笑着说：“为什么不向你丈人要？”和珅忙向店主问价，结果花了二十八两银子买下大红夹衣进呈给十公主。乾隆朝，每年都举行宗室宴，也就是皇室家宴，由皇帝钦点皇子以及近支王公入宴。按照大清家法，凡皇子、皇孙、皇曾孙辈只有在结婚之后才获准参加节宴。清王朝的家族史上，只有乾隆破例在乾隆五十四年正月十四日，特允他六岁的皇元孙载锡在奉三无私殿入宴，从而实现了“五代同堂之庆”。乾隆是中国历史上唯一得以“五代同堂的皇帝”。

与雍正无休止的忙碌相比，乾隆似乎更懂得去享受圆明园的良辰美景。在御园泛舟、赏荷、观鱼、垂钓、拜佛、观稼、种花、赏雪、宴饮构成乾隆的日常消遣活动。多稼如云，亦称芰荷香，殿前为大片荷池，并有一座莲花四方亭。乾隆时，芰荷香是帝后盛夏赏荷的最佳处所，被乾隆谐称为芰荷乡，他曾多次侍奉皇太后在此进膳、观荷。乾隆十七年六月四日，乾隆侍奉太后来此观荷时，即兴赋诗一首，并挥笔写于一柄纸扇上献给皇太后。其后不久，他又率诸王、大学士、翰苑诸臣来此赏荷，并题观莲六韵诗。乾隆二十一年六月二十四日，乾隆侍奉皇太后到芰荷香进膳、观荷。二十六日，他又率领诸皇子来此观赏。乾隆二十五年六月，乾隆侍奉太后赏荷，并赋诗一首，还与近支宗藩及御前大臣、侍卫并回部郡王等一起观荷。芰荷香前水泡西边的荷花曾因长势不好，而在乾隆四十三年遵旨深挖河底沙土，另换河泥，并从绮春园和熙春园挖藕秧700余公斤栽种。坦坦荡荡，俗称金鱼池，是清帝喂鱼和观赏金鱼的地方。金鱼池建筑独具匠心，以巨大的花岗石砌筑，池中设假山，有的假山下带鱼窝，假山可供鱼儿嬉戏，鱼窝则为金鱼过冬之处，从中可见设计者为营造观鱼佳境而煞费苦心。乾隆二十一年，乾隆在圆明园园居168天，来金鱼池喂鱼即达72次。

乾隆朝六十年，名臣辈出，如傅恒、刘统勋、阿桂、纪晓岚、刘墉、王杰等，这与乾隆的亲贤、爱才是分不开的。清宫中有一件明代仿官窑青釉贯耳穿带壶，其底部镌刻有一首乾隆御制诗，诗后还镌刻出乾隆吟成此诗的经过，其云："御园架贮官窑瓶有年矣，兹经临偶见，一加拂拭，居然席珍士之感，遇遭际有时亦类此也。"[1]官窑作为宋代五大名窑之器，曾是宋代宫廷中的御用佳器，虽然此壶为明仿官窑器，但在圆明园，由于久置不用却落满尘土，失去了它往日的光辉。乾隆从此件偶然发现的器物，联想到那些怀才不遇的贤士，他们空有一腔报国之情，却无法施展，作为帝王的乾隆有感于此，遂吟成诗文，镌刻于瓷器，以为警戒。在圆明园，乾隆经常与朝廷重臣们一起游览美丽的园林景致，以联络君臣情谊。正如其父雍正所云："春秋佳日，景物芳

[1] 《清高宗御制诗集》，第四集卷九六，癸卯年集内，原题《咏均窑方瓶》。

▲ 乾隆署款诗《月夜泛舟图》（清宫廷画师绘）

鲜……偶召诸王大臣从容游赏，济以舟楫，饷以果蔬……仰观俯察，游泳适宜，万象毕呈，心神怡旷”，既显示其亲贤礼下，也可缓解疲惫的身心。大学士汪由敦即得享此殊荣，在《省斋诗稿》中他记述游圆明园的体会曰：“余尝赐观御园，竟日游赏，不过十之二三，然已身疲足软矣。虽可驻足停坐，亦莫能举步，始知园林之奇大。”

（三）嘉庆祈愿麟游凤舞

嘉庆名颙琰，为乾隆第十五子，乾隆二十五年（1760）十月初六日生于圆明园天地一家春。颙琰为皇子时被乾隆赐居于后湖东岸的天然图画五福堂，他和十一兄成亲王永瑆关系交好，二人经常一同随驾巡视，射猎游赏，评诗品画，唱和赠答。成亲王寓所为西爽村（后属绮春园范围），颙琰“常拈吟较射于其中”。

嘉庆即位后，对绮春园经营颇多，也不时游赏此园，并与该园的凤麟洲一景有很深的渊源。嘉庆九年，他在《题清夏斋》诗中有“书斋新创建，旧额凤麟洲”之句，在诗注中写道：“是斋在西爽村，原额曰凤麟洲，本非宸翰所题，曾经皇考赐成亲王居此。余在潜邸时，常至斯地吟射燕游，叙友於之乐。今成王别赐园居，西爽村已归入绮春园禁籞之内。即其地置书斋，额曰清夏，几闲涉趣，略志其梗概如此。”早在乾隆赐给皇子成亲王永瑆居住的

▲ 嘉庆童年像（清人绘）

西爽村中，就有“凤麟洲”的题额，嘉庆继位之前经常到此游玩会友。嘉庆四年，惩处和珅，籍没其府第赐给成亲王永瑆，成亲王原居住的西爽村则归入绮春园。西爽村归入绮春园后，嘉庆将其用为书斋，剔除原来悬挂的“凤麟洲”匾额，代之以“清夏斋”。因此，对于“凤麟洲”，嘉庆应该相当熟稔。当敷春堂北侧湖中双岛需要命名题额时，嘉庆遂想到了“凤麟洲”。嘉庆在《绮春园记》中记述凤麟洲曰：“园北平湖百顷，碧浪涵空，远印西山，近连太液，洲屿掩映，花木回环，殿宇五楹，高深明达，楣额曰凤麟洲。”凤麟洲的迷人景色跃然纸上。嘉庆经常光顾凤麟洲，并留下了 25 首关于凤麟洲的诗作。

嘉庆为凤麟洲命名，别具深意。他说：“予别有会心焉。人君御极，抚绥区夏，养心图治，无欲为本。远屏声色货利之邪径，绝无好大喜功之妄念，鄙求仙之荒诞，斥长生之瞽说。惟一念守成，兢兢业业，不敢暇逸，强勉敬勤，庶几臻於小康之治。”嘉庆希望国家在他的治理下能够达到农登民靖、四海安澜的理想状态，而仪凤游麟则是这种理想状态的体现。诗句“心赏岂耽宫室美，德修庶冀凤麟游”“年丰俗正瑞方真，德薄奚能致凤麟”等表达的正是他“殚心惟愿寰中治”“几见凤麟游世间”的美好愿望。要达到这种理想状态并不容易，嘉庆常常为此忧急焦虑，“自愧治民才德薄，奚能感召凤麟游”“安民化俗尚无期”等都流露出这位守成之君内心深处强烈的忧患意识。正是这种忧患意识，使得嘉庆时常自我反省、自我鞭策，要求自己“为君首立德”，“以诚御众臣”，要摒除求仙妄念，勤修实政，要以功德立言，以修身立命，要立极保民，养福爱民。这些都是嘉庆游览凤麟洲时的思考，也是嘉庆所作诸多凤麟洲诗篇的不变主题。

（四）道光难得喜溢秋庭

道光名旻宁，为嘉庆第二子，在清朝诸帝中，旻宁是唯一以嫡子身份继承皇位的皇帝。旻宁在藩邸时被嘉庆赐居圆明园养正书屋，并著有《养正书屋诗文集》。嘉庆十三年正月二十八日，因旻宁福晋病逝，应续娶福晋。嘉庆令户部将现在京八旗满洲、蒙古内外三品以上文武官员之女，未经选过逾岁及现年十五岁者查明，于二月十七日送圆明园选看。由此可见嘉庆对旻宁的格外关怀。清代自雍正实行秘密立储以来，道光是最无悬念，最为顺利的。旻宁为嫡长子，又在天理教攻打紫禁城时表现得智勇双全，获封智亲王，他被立为储君，在嘉庆朝已成为君臣心照不宣的秘密。嘉庆二十五年七月二十五日，嘉庆病逝于避暑山庄，新君即位人选未明。当晚，众臣决定由大臣和世泰偕首领太监等人加急奔赴圆明园，奏明皇后。二十六日，避暑山庄找出嘉庆秘密立储的金匣，内有立旻宁为皇太子的诏书，众臣遵诏拥立旻宁继承大统。二十七日，和世泰急奏皇后钮祜禄氏定夺，皇后在圆明园指令皇次子旻宁即位为帝。一个月后，即八月二十七日，旻宁在太和殿正式登基为道光皇帝。道光在位期间正值清朝衰落时期，他为挽救清朝颓势做了一系列努力。尽管道光本人也厉行节俭，勤于政务，但作为一国之君，面对内忧外患、积重难返的政权危机，他只知一味拘谨守成，缺乏开拓创新的格局和能力，致使清王朝进一步衰落，和西方的差距也越来越大。鸦片战争失败后的近十年间，道光君臣苟安姑息，得过且过，没有采取卓有成效的革新举措，为第二次鸦片战争和圆明园的罹劫埋下了伏笔。

道光三年（1823）正月十二日，道光正式以皇帝身份驻跸圆明园。此时，由于畅春园长久得不到修缮，很多殿宇破旧不堪，已不适宜皇太后居住，道光便下旨修整绮春园，以备皇太后莅临游览。道光园居时，侍奉皇太后住在绮春园敷春堂。道光虽没有在圆明园大举兴工，但日常维修和局部建设工程并没有间断过。如圆明园三殿曾于道光十六年九月毁于火灾，道光很快就启动了重修工程，次年七月十八日，重修圆明园三殿告成，道光亲作《重修圆明园三殿记》，以志其事。慎德堂位于圆明园九洲清晏，建成于道光十一年（1831），是道光在园内的主要寝宫。道光三十年（1850），道光驾崩于此。慎德堂与大内养心殿具有同等重要的位置，而且道光在即位之初即将“知稼穑之艰难，力崇节俭，返本还淳”的政治主张融入“慎德”二字之中，道光还曾专门写

▲ 清人绘道光喜溢秋庭图

▲ 道光行乐图

有一篇《慎德堂记》。道光时期，有一种署“慎德堂”款的典型官窑瓷器，这种瓷器是景德镇御窑厂特意为道光烧制的“堂名款”瓷器，由此也反映出道光对慎德堂的喜爱。清宫画师绘有一幅《喜溢秋庭图》，该图详细描绘了道光在慎德堂的生活场景，画卷左上角钤“慎德堂宝”印一枚。道光端坐亭廊中，庭前皇子和公主正在玩耍，天伦之乐，跃然眼前，故道光御题曰“喜溢秋庭”。另有一幅传世的《道光行乐图》则同样表现了这位简朴皇帝的平日生活情景，在幽雅精巧的皇家宫苑，道光坐在敞亭内兴致勃勃地观看幼童放风筝，其子女们正在嬉戏游玩。女孩站在梅枝前观赏，年龄稍大些的皇子们端坐在亭内读书习字。全图颇具家庭乐趣，表现了九五之尊的皇帝也与平民百姓一样，有着喜怒哀乐和追求家庭享乐的一面。二图皆渲染出道光与子女共享天伦之乐的气氛，画中只绘家庭成员，没有外人，透出的气息没有君臣父子之等级，只有犹如平常人家一般朴实而珍贵的亲情。

道光以孝道著称，他的生母于1797年去世，此后半个多世纪，他一直将继母当作生母来侍奉。道光每天一早第一件事便是向这位皇太后请安，并终因操办太后丧事而致自己殒命。道光二十九年（1849）十二月十一日，皇太后去世。道光“剪发成服，哭无停声，水浆不进”。10天后，道光决定将皇太后灵柩停放在圆明园。移灵的这天，一身孝服的道光抱病步送灵柩出城，然后骑马赶往圆明园，在园门外跪迎。皇太后梓宫被安置在圆明园绮春园迎晖殿，道光又令人在慎德堂铺上白毡、灯草褥，在里面守孝。不久，道光也一病不起。道光三十年正月十四日中午，道光逝世于慎德堂，终年六十九岁。这天早上 6 点钟，圆明园还笼罩在黑暗之中，慎德堂却灯火通明，御前大臣、内务府大臣、军机大臣、近支亲贵、所有皇子当着生命垂危的道光的面，开启秘密立储之匣，领受立储御旨，皇四子奕詝即位为帝。二月初二，道光灵柩由大内乾清宫移至圆明园正大光明殿安放。九月十八日，道光灵柩在新君咸丰的护送下，从正大光明殿移往易县清西陵，道光至此永远离开了圆明园。

（五）咸丰寄望神灵护佑

咸丰名奕詝，为道光第四子，出生在九洲清宴湛静斋，他登基后，将之改名为基福堂。1850 年 2 月 25 日，弥留之际的道光在圆明园寝宫宣布立皇四子奕詝为储君，是日中午，道光驾崩，顾命大臣敦请奕詝“正尊位”。3 月 9 日，奕詝正式在太和殿举行登基大典，成为咸丰皇帝。咸丰驻园期间，一般居于慎德堂，平日多在同道堂办事进早膳，在勤政殿东书房接见大臣，并多次在含辉楼检阅侍卫骑马射箭。咸丰尤其喜欢泛舟福海，他在《新秋即景》中异常赞美福海四周美景：“福海扬舲思渺然，林峦如画水如烟。镜中蓬岛标诸胜，不羡凌虚羽化仙。”咸丰还经常在王公大臣的陪同下游览依旧风景如画的圆明园。咸丰朝重臣玉明、肃顺曾多次陪同游园，得以遍瞻御园胜景。玉明欣感之余，谨作《侍游御园记》，以纪荣遇，云："咸丰六年秋七月二十一日，奉旨：本日散朝后，著玉明、肃顺自备鞍马，午初一刻进西南门，在山高水长伺候。有顷，上从内乘船，至山高水长后阁扇下船，出前门，谕玉明、肃顺暨珠勒亨、西拉布、托云、德勒格尔、伊勒东阿等脱去外褂。上乘马，命七臣随行。自山高水长游藻园，至厂地，过汇芳书院，复由紫碧山房至鱼跃鸢飞少坐。过蕊珠宫门，至黄花灯进茶毕，往西洋楼海晏堂，至转马台，过小角门，至狮子林清淑斋赏饭。左右四桌，命七臣坐，并奉温谕可饱食，非外边筵宴比也。上命膳房先给七臣面各一器，上进面，复进饭，颁赏御用菜蔬，七臣叩头谢。上进粥，复赏粥毕。随驾起行，由宝相寺、法慧寺、谐奇趣过明春门，至雷峰夕照码头，坐如在天上船，游福海。上命笔砚作诗毕，至渊渟镜澈码头下船。进丽春门骑马，由旧园东墙根过敷春堂，游西大堤汉城关，至含辉楼下马，命七臣散归。"

关于咸丰在圆明园无度享乐的情况，晚清已有不少记载，而流传最广者就是所谓的"四春"之宠。湖南才子王闿运在《圆明园词》中写道："玉女投壶强笑歌，金杯掷酒连昏晓。四时景物爱郊居，玄冬入内望春初。袅袅四春随凤辇……"王闿运明确指出："上既厌倦，庸臣罕所晋接，退朝之后，始寄情于诗酒，时召妃御日夜行游也……初例十月入大内，三月园居，文宗（咸丰）以宫中行止有节，侍御不乐，常迟至冬至始入，正月十五后，即出幸园中……时有四人承宠者，分居牡丹春、海棠春、武陵春、杏花春亭馆，内府号曰四春。”王闿运还写道：“为近前湖纳晓光，妖梦林神辞二品。”据说“咸丰九年（1859），上一日独坐若瞑，见白须人跪前，上问何人，对曰：‘守园神。’问何所言，云：‘将辞差使耳。’问汝多年无过，何为而去？对以弹压不住，得去为幸。上曰：‘汝嫌管小耶？可假二品阶’。俄顷不见，未一年而乱作矣。”此种迷信说法虽不足为凭，但由此也不难想见圆明园的末代主人咸丰内心的真实苦楚。园居生活的慰藉与陶醉终究不能驱逐现实中的苦闷与沮丧。咸丰九年（1859）冬天某日，面对内外交困的严峻形势，咸丰“宿于斋宫，夜分痛哭，侍臣凄恻”，令人叹然。一筹莫展之际，咸丰遂不时祈求神灵的保佑。咸丰八年（1858）正月，他下谕旨，将圆明园春雨轩司土之神晋封为“圆明园昭佑敷禧司土真君”，土母封为“昭佑敷禧司土夫人”，并令修饰庙堂，镌刻楠木神号，建立碑石，规定每年春秋两季，由管园大臣着蟒袍补褂祭祀土地夫妇，并由掌仪司乐工演奏“庆神欢”。咸丰虽迷信于此，但最终是无济于事的。

三、后宫女眷

（一）各得其所

长春仙馆初名莲花馆，雍正时期为皇四子弘历的赐居之处，乾隆十三年前仍为乾隆孝贤皇后宴息之所。乾隆元年定名长春仙馆，乾隆认为“朕孝养皇太后应有温情适宜之所”，遂将之增饰为皇太后每幸御园行庆度节时的驻憩处所。

“天地一家春”始于雍正朝，为九洲清晏东路后妃寝宫院七间正殿之内额，亦是后妃诸院的总称，嘉庆即出生于天地一家春。天地一家春南设宫门，门内有影壁，正殿七间、后殿七间，最后为十五间房，明间皆为穿堂。主院东西两侧还有七八座小套院，多为正房、南房各三间。皇后殿原在西北部，为三间两卷。道光中叶皇后寝宫移至九洲清晏西路后，该三卷殿改建成东西两座小院。天地一家春殿，亦称“山容水态”，殿内陈设铜药王佛一尊。天地一家春后殿挂《多子图》一幅。天地一家春最北之十五间房叫“泉石自娱”。天地一家春殿西北小院叫“杏树院”，此处还有“大雅斋”“思顺斋”“福寿仁恩”等多幅内额。咸丰朝各妃嫔的寝居之处如下：天地一家春殿穿堂西侧三间是“懿嫔住”，懿嫔就是后来的慈禧太后。后殿东三间、西三间分住璷贵人和容贵人。泉石自娱东头五间分住明常在、英贵人，西边三、四次间住鑫常在。杏树院三间正房住玫贵人。又西北东院后正房三间住丽嫔，前正房三间住璹贵人。西院前正房三间住婉嫔。各妃嫔宫女下屋皆在就近南房或厢房。天地一家春妃嫔寝宫区每年春季还要搭秋千架，以供妃嫔游戏消遣。

敷春堂为绮春园宫门内的中心景观，道咸时期是皇太后的寝宫区。中路前部为寝殿，后部为园林景观。前设内宫门，西路亦为宫门园林区。东宫门外则为诸太妃太嫔寝所。敷春堂寝宫，道光朝，孝和皇太后（即嘉庆孝和皇后）每年绝大部分时间均在此地园居，前后达 27 年。咸丰二年（1852），康慈皇贵太妃（即道光静贵妃）亦居住于此。翠云崇霭为敷春堂东宫门，门外北侧为东西二所，南侧为西南所。咸丰时期，道光的妃妾、女儿或儿媳（道光长子隐志郡王奕纬的遗孀）居住在东西二所。东南所位于东西二所之南，由六座南北错落的大小院落组成，共 60 余间房。咸丰时期，先帝道光部分级别较低的嫔、常在等遗孀居住于此。

迎晖殿为绮春园正殿，皇太后万寿节接受群臣朝贺即在此殿。届时设中和韶乐于殿外檐下，丹陛大乐则设于大宫门内。道光二十九年（1849），孝和皇太后病逝于大内；咸丰五年（1855），康慈皇贵太妃病逝于大内；后均将梓宫（棺材）移奉于迎晖殿暂安祭奠。

▲ 圆明园天地一家春烫样（样式雷）

（二）后妃生活

后妃们的园居生活也是丰富多彩、趣味盎然的。有关她们在圆明园的生活情况可从《雍亲王题书堂深居图屏》和《雍正十二月令行乐图》两套宫廷画中略窥一斑。《雍亲王题书堂深居图屏》是为圆明园定做的，原贴于圆明园“深柳读书堂”围屏上，雍正十年（1732）八月间才传旨将其从屏风上拆下来，“着垫纸衬平，各配做卷杆”。图中描绘的园林景致表现的正是当时圆明园的实景。画幅中有胤禛的“破尘居士”及“圆明主人”等印章。此套图屏使用工笔重彩，表现出宫廷绘画雍容华贵的审美情趣和仕女画工整妍丽的艺术特色。它生动地刻画了宫苑女子品茶、赏蝶、沉吟、阅读等闲适生活情景。十二幅画共十二个生活场景，即“观书沉吟”描绘了女子持半展书页，正沉吟其中的瞬间；“倚门观竹”描绘庭院中花草竹石满目，女子正倚门观望满园春色；“烛下缝衣”描绘了红烛摇曳下，女子行针走线的状态；“博古幽思”描绘了女子博古雅玩的生活情趣；“持表对菊”描绘女子手持精美的珐琅表坐于书案旁，桌上瓶中插有菊花的场景；“裘装对镜”描绘了女子身着裘装，一手搭于暖炉御寒，一手持铜镜专注对镜自赏的神态；“立持如意”描绘了女子手持如意，立于庭院内赏花的片段；“消夏赏蝶”描绘了户外湖石玲珑，彩蝶起舞，女子手持葫芦倚案静思的场景；“桐荫品茶”描绘了女子手持薄纱纨扇，坐于梧桐树下静心品茗的状态；“倚榻观雀”描绘女子斜倚榻上，把玩着合璧连环，室外喜鹊鸣叫喳喳，女子目视喜鹊，不觉入神的场景；“捻珠观猫”描绘女子在圆窗前端坐，轻倚桌案，一边闲雅地捻着念珠，一边赏猫的情景；“烘炉观雪”描绘女子临窗而坐，轻掀帐帷，观雪赏梅的场景。《雍正十二月令行乐图》反映的正月观灯、二月踏青、三月赏桃、四月流觞、五月竞舟、六月纳凉、七月乞巧、八月赏月、九月赏菊、十月画像、十一月参禅和腊月赏雪等园居生活内容，同样也是后妃们宫廷生活的一部分。其余如山高水长观看元宵火戏，同乐园听戏，福海泛舟和冰床游戏，甚至拜佛祈福，逛买卖街，西洋楼看水法等娱乐项目，后妃们也经常陪同清帝或单独参与其中。

乾隆时的容妃和咸丰时的懿贵妃分别是两位清帝的宠妃，她们都与圆明园有着密不可分的关系。容妃是新疆回部人，信奉伊斯兰教，是传说中香妃的原型。乾隆出于笼络少数民族的政治目的，在生活习惯、宗教信仰方面给予容妃无微不至的关怀和照顾，如准许容妃常穿回服，并常赏赐给她羊肚片、酒炖羊肉等民族食品。西洋楼景区的远瀛观高台大殿曾经是容妃的寝宫。三间两层的精致小楼方外观是御园内罕见的阿拉伯式建筑，为容妃做礼拜之处。为排解容妃对故乡的思念之情，乾隆命令在谐奇趣音乐喷泉演奏维吾尔族和西域风情的音乐，在西洋楼方河东岸的线法墙利用透视学原理，

▲ 方外观（铜版画）

▲ 方外观遗址今貌

▲ 颐和园乐寿堂前露陈上的“天地一家春”印记 1

▲ 颐和园乐寿堂前露陈上的“天地一家春”印记 2

展示新疆阿克苏地区的街景，以供容妃欣赏和玩味。

慈禧曾以懿嫔的身份在“天地一家春”居住过，并在这里受到咸丰的宠爱，发迹后，她对天地一家春念念不忘。同治朝重修圆明园时，慈禧就将绮春园部分宫殿改名“天地一家春”作为自己的寝宫，而且在她垂帘听政后铸造的陈设上几乎都铸有“天地一家春”的字样。如颐和园仁寿殿前陈设的铜龙、铜凤的铜座上，乐寿堂、排云殿等院落内消防储水用的金缸上也刻有“天地一家春”的印记，以示对发迹之地的怀念。“大雅斋”系列瓷器是清末官窑瓷器，底款上有“大雅斋”字样，其右边一般还盖有“天地一家春”印。大雅斋是斋名，在紫禁城和圆明园天地一家春均有一处大雅斋。有一种说法是大雅斋瓷器最初是为重建圆明园而专门定烧的，后因复建工程中止而停烧，已烧成的改由大内使用。[1]慈禧对圆明园生活充满美好回忆，圆明园罹劫后，她还经常故地重游。如光绪二十二年（1896）二月至九月，慈禧曾多次游览圆明园紫碧山房、廓然大公、濂溪乐处，长春园海岳开襟、含经堂，西洋楼黄花阵，绮春园新宫门、蔚藻堂等处。同治朝两次试图重修圆明园，慈禧都是主要支持者或幕后推手。光绪二十二年至二十四年（1896—1898），慈禧试图“择要量加粘补修理”圆明园殿宇，慎修思永殿是修葺重点。光绪二十四年七月二十六日，

[1] 刘伟：《帝王与宫廷瓷》，紫禁城出版社 2010 年版，第 466、471 页。

慈禧临幸圆明园，样式房呈览慎修思永殿内檐装修图，并奉懿旨“明间不要碧纱橱，拟妥鸡腿罩、飞罩、天然罩，不要八方罩、瓶式罩”。甚至在发动“戊戌政变”、幽禁光绪的关键时期，慈禧仍于九月十八日安排总管太监李连英催要慎修思永的装修图。

四、皇子教育

清帝吸取了前朝的历史教训，非常重视皇子教育。为了培养文能安邦治国、武能驰骋疆场的接班人，他们制定了近乎残酷的皇子教育制度。因此，清朝多数皇子精通经史、策论、诗词歌赋及书画等，并善于骑射。乾嘉时期的著名汉学家赵翼曾经在军机处值夜班，经常看到皇子们披星戴月、秉烛勤读的一幕，他感慨道：“我朝谕教之法，岂惟历代所无，即三代以上，亦所不及矣！”

清代皇子读书入学年龄早、学习时间长，规矩严、课程多。皇子们从六岁（虚岁）起开始读书，由皇帝亲定学识渊博的翰林、大学士担任师傅，学习四书五经、史记、汉书诗赋、满蒙汉三种文字及弓箭骑射等内容，每天学习从不间断。幼年即位的皇帝更是要受到精心的栽培和严格的训练。清朝规定，皇子读书的时间为“卯入申出”，也就是早晨 5 点至下午 3 点，共计 10 个小时。皇帝选定良辰吉日为皇子开学，由于皇子地位尊贵，皇子和师傅互相行礼时，双方皆用长揖代替跪拜。上书房的规矩极严，皇子读书要正襟危坐，夏天不许摇扇子；午饭时候，侍卫送上饭来，老师先吃，皇子们在另一旁吃，吃完不休息，继续功课。上书房只有元旦、端阳、中秋、万寿（皇上的生日）、自寿（自己的生日）这几天放假，一共5天，甚至除夕仅准提前散学，也不放假。

盛时圆明园，皇子和公主都随园居住，包括婴儿也要在园子里“育喜”。康熙以前的规制，一旦皇子成婚，就要分府居住，封爵以后还要另赐花园。雍正以后，圆明园规模日渐扩大，皇子年龄稍大时便在园内赐给居所。雍正初年，为了便于皇子读书，就在宫中设立尚书房，道光以后统称上书房。上书房坐落在今故宫内乾清门的左侧，圆明园上书房在洞天深处，即紧邻勤政亲贤皇帝办公处，上书房之所以设在这里是为了“近在禁御，以便上稽察也”。雍正时期，弘历先后被赐居于桃花坞和莲花馆。乾隆时期，十五阿哥颙琰被赐居于后湖东岸的五福堂，道光即位前被赐居于园内的养正书屋，咸丰即位前被赐居在同道堂。这些地方距离园内上书房都比较近，便于往来。同时，洞天深处内部的四座方形院落，可供皇子们临时居住之用。

严厉教育制度下培养出的清帝都具有比较高的文化修养，对传统文化都有相当精湛的了解。乾隆天生聪睿而又刻苦用功，尤为清朝皇帝中的佼佼者。乾隆做皇子时，过着严格的读书生活，每天顶着纱灯进书房，“既入书房，作诗文，每日皆有课程，未刻毕，则又有满洲师傅教国书、习国语及骑射等事，薄暮始休”。

乾隆曾称："朕自幼生长宫中，讲诵二十年，未尝少辍，实一书生也。"[1]乾隆"散学后习步射，在圆明园五日一习马射，寒暑无间，虽婚娶封爵后，读书不辍。"[2]十余年的学文习武，为乾隆治国理政奠定了坚实的基础，也为圆明园的绝世辉煌和清帝国的康乾盛世培养了雄才大略的领航者。

五、节庆活动

中国历史悠久，文化灿烂，有许多独具特色的传统节日。如春节、元宵、清明、端午、七夕、中元、中秋、重阳、腊八等节日和人民的生活紧密相连，经千百年的流传，为人们所喜闻乐道并深深喜爱，它们从不同的角度和侧面反映出时代的风貌和社会生活的图景。作为皇家御园的圆明园，一年当中的节庆活动同样极为丰富。这些节庆活动是中华民族几千年民俗文化的缩影和继承，也是圆明园区别于其他园林最具特色的例证。

（一）节令活动

农历正月十五是上元节，也称元宵节。主要活动有放花炮、

[1] 《清高宗实录》，中华书局 1985 年影印版，卷 5，第 4 页。
[2] 福格：《听雨丛谈》，中华书局 1984 年版，卷 11，第 218 ～ 219 页。

放烟火、张灯、赏灯等，故又称“灯节”，还有耍狮子、舞龙灯、踩高跷、跑旱船、猜灯谜和吃元宵等习俗。是日，街市百戏杂陈，社火香会热闹非凡。人们白天看戏，晚上观灯，其乐融融。圆明园盛期尤其乾隆朝，每年元宵节前后，皇帝除频频宴赏之外，还要在园内举办一系列的烟火、灯戏等活动，主要包括同乐园庆丰图、正大光明张灯筵宴、奉三无私宗亲内庭宴、山高水长烟火盛会等内容。圆明园于上元日一般还有“放生”活动，届时“捕鸠鹰、鸟雀之属，藏之笼中。画鼓一声，侍臣开笼放之，任其飞去，取新春生物之理也”。[1]

庆丰图。同乐园和买卖街是佳辰令节演唱大戏、举办宫市的地方，亦是皇帝宴赏王公大臣、外藩王公和外国使臣之所。每年正月灯节前后照例要办“庆丰图”，包括连台灯戏和买卖街市等活动。一般要连唱10天大戏，并开设买卖铺面，安设万寿灯牌楼。乾隆时期，还特允年班入觐的外藩王公和外国使臣于上元和燕九两个晚上同至山高水长观放烟火，并随至同乐园观看庆丰图。

除了同乐园买卖街，长春园含经堂东侧也有一条规模较小的买卖街。买卖街是清帝追求感官刺激，借以慰藉长期宫居、远离世俗尘嚣的空虚和落寞的即兴设置。虽然仅是临时性的，但是也

[1] 祁庆富、金成南：《清代朝鲜使臣与圆明园》，见《清史研究》，2005年8月，第3期。

可在一定程度上反映民间生活的情态，有助于皇帝了解民情。更重要的是，这类设施可以满足皇室暂时忽略身份，参与市井娱乐的欲望，因此大受欢迎。正如作家李敖形容“（圆明园）有五千多军人防守，里面却没有百姓，有百姓也是扮演的。皇帝高兴，一声令下，所有宫女、太监等都化装起来，扮演成法曹、商人、工人、卖艺的、说书的、小偷等各行各业，有衙门、有商店、有市场、有码头、有旅馆、有监狱种种地方，各司其业，你来我往，热闹非凡。这是中国式的化装舞会，远从纪元前二世纪便流行在中国皇宫里，有时候皇帝也亲自加入，扮演成商人等，与左右同乐，学做老百姓开心。他们整个是另一个阶级——把老百姓关在十八道金碧辉煌的宫门外面，然后在里面装作老百姓的阶级”[1]。

元宵张灯。正月十五张灯的来历起源于佛教，在佛教里也称燃灯法会。东汉时，汉明帝为提倡佛教，便下令在元宵节，不论士族庶民一律挂灯，以表示对佛教的尊敬和虔诚。自此以后，元宵张灯蔚然成风。

上元前后，圆明园到处张灯结彩，正如乾隆诗云：“御园灯火非夸富，同乐新疆与旧藩。”园内张灯，一般自正月十三日始，凡七日，遇燕九乃罢。放灯收灯时，以鸣锣传令。早晚有定时，一处鸣锣，数处随即响应。大宫门内高悬 18 架大红宫灯，正大

[1] 李敖：《北京法源寺》，中国友谊出版公司 2004 年 8 月版。

光明殿要悬挂“鳌山灯，”[1]殿前例设烟火。此例始自雍正朝，雍正八年（1730）正月初四传旨：正大光明殿上安的西厢鳌山灯与万国来朝鳌山灯，仍照例安设，其余各处鳌山灯不必安设，嗣后照此例。乾隆朝烟火更盛，甚至在白昼时燃放。每年上元前后，乾隆多于清晖阁张灯，并侍皇太后筵宴，乾隆还御制四首或八首灯词。道光则于含辉楼张灯，侍奉皇太后宴赏。乾隆九年正月十八日，方壶胜境悬挂各式栏杆灯多达256个。乾隆二十一年正月，乾隆曾7次皆于清晨至正大光明殿“看拧鳌山”。当时大宫门内列烟火牌楼数十架，大架高悬，一共三层。“药线徐引燃，成界画栏杆五色。每架将完，中复烧出宝塔楼阁之类，并有笼鸽及喜鹊数十在盒中乘火飞出。”乾隆二十五年（1760），圆明、长春二园吊挂大小廊灯4324只。乾隆三十九年（1774）正月，正大光明殿内安设有西游鳌山、万国来朝鳌山。

正大光明筵宴。每年上元前后，清帝要在正大光明殿举办盛大宴会，这从雍正初年即成定制。雍正四年（1726）正月十五日，雍正在正大光明殿赐宴外藩王公及文武大臣等，并备办礼乐、摔跤及烟火。雍正五年至八年，正月十四日至十九日期间，亦皆循例在正大光明殿举办盛大筵宴。从乾隆初年起，每年新正在圆明园必设“上元三宴”，即正月十四日宗亲宴，十五日朝正外藩宴，

[1] 古代传说，海中有巨龟驮仙山，称为鳌山。用巨鳌形的仙山制作灯山，宋代已有之。正大光明殿制作精巧的鳌山，就是沿用古时“灯山”之意。

十六日廷臣宴，其中后两种筵宴在正大光明殿举办。正大光明殿廷臣宴，是专门宴赏大学士、尚书等勋劳卓著者，规模较小。清帝在正大光明殿接受朝贺及赐宴时，皆有音乐演奏，中和韶乐、中和清乐设于殿外东西檐下，丹陛大乐、丹陛清乐设于出入贤良门内左右。

朝正外藩宴是宴赏来京朝贺新正的各族王公、首领及外国来使，大学士、内大臣等也同赴此宴，规格较高，规模较大。宴间表演庆隆舞、喜起舞，“状八旗士马射猎破阵。旁列伶工，唱清字歌曲，皆陈王业艰难”。[1]“凡燕外藩之礼，岁除及正月十五日赐宴外藩蒙古宴，奏请钦命进酒大臣、内管领备筵九十席，宴于保和殿及正大光明殿。届时，鸿胪寺、理藩院引蒙古王、公、台吉入，领侍卫内大臣序王公班次，八旗一二品武职亦预焉。皇上升殿，奏《隆平》之章，蒙古王公武大臣各就席，行一叩礼，座。尚茶正升迩御筵，降酒进茶。丹陛清乐作，奏《海宇升平》之章，尚茶正率侍卫等举茶案由中道进，至檐下正中北向跪，注茶于碗。进茶大臣奉茶入中门，群臣皆就本位跪，进茶大臣由中陛升至御前进茶，退立于西。上饮茶，与宴之臣僚咸行一叩礼。进茶大臣跪受茶碗，由右陛降，出中门，众皆坐。侍卫等分赐与宴臣僚茶，皆于本位一叩，饮毕复行一叩礼。尚茶正撤茶案退……上简召王

[1] （清）吴振棫：《养吉斋丛录》，中华书局，2005年12月版，第204页。

公大臣赐酒，群臣咸跪受，一叩，卒饮。朝鲜国俳进，百伎并作，退。尚膳正升，撤御筵，降，与宴之王公大臣等谢宴，行一跪三叩礼。丹陛大乐作，奏《治平》之章，皇上还宫，鸿胪寺、理藩院引外藩及百官以次退。”[1]

奉三无私宗亲宴是御园“上元三宴”之首宴，例于每年正月十四日在九洲清晏奉三无私殿举行，由清帝钦点皇子、皇孙及近支王公入宴。乾隆五十四年首次“五代同堂”宴即在此处。奉三无私宴乾隆朝共办 40 余次，每次乾隆必有诗咏，皆悬之于本殿壁间。奉三无私殿，正月十五日通常还有一次内庭宴，由皇帝赐宴后妃内眷。道咸时期奉三无私宴仍相沿不辍。咸丰十年正月二十日举办奉三无私宗亲宴，二十二日为奉三无私内庭宴。此殿建有戏台，筵宴时由升平署太监演戏或奏乐。奉三无私宗亲宴，参与者皆近支亲藩。按规定皇子的位次在亲王、郡王之上，这区别于一般家宴上近支诸王与皇子以长幼为序的座次标准。

元宵火戏。上元节期间，当清帝驻跸圆明园之际，鞭炮声便开始伴着皇帝，花炮响处即皇帝行踪所在。皇帝到达哪里，鞭炮声也就响到哪里。待到正月十三日，山高水长每晚的烟火盛会随即进入高潮，至燕九（十九日）收灯，被乾隆称为“七宵灯宴”。内容包括摔跤、马术、杂技、民乐、舞灯、烟火等多项表演，乾

[1] （清）昭梿：《啸亭杂录》，中华书局，1980 年 12 月版，第 227 ~ 228 页。

隆朝共举办过48届。依照惯例，每年还要将山高水长楼粘补油画，修饰一新。一般从头年的十二月即开始准备，鳌山灯一般于该月十九日安设。另由圆明园花炮作和内务府营造司安装烟火盒架，搭造灯盏罩棚、西洋秋千，摆设“抬头见喜”“福自天来”等人物灯座。鉴于烟火花炮的施放涉及安全问题，每年照例由内务府钤用堂印，行文提督衙门拨派官兵，于正月初二日起即在圆明园花炮库周围看守火烛，赶逐闲人，以防意外事故发生。直到正月二十日差务告竣，方受命撤回。为防止闲杂人员擅入烟火重地，皇帝还传旨派员严加管束，即使被指令表演各项技艺的伎勇，也必须按照派出人数进入，不准另外增加。每项技艺表演完毕，有关官员要随时将其就近由西南门带出，不准滞留。

“乾隆初定制，于上元前后五日，观烟火于西苑西南门内之山高水长楼……内务府司员设御座于楼门外，凡宗室、外藩王、贝勒、公等及一品武大臣、南书房、上书房、军机大臣以及外国使臣等咸分翼入座。”[1]皇帝则频频赐食、赐茶果。山高水长楼上为太后及后妃座次，乾隆经常自正月十三日起，奉皇太后至山高水长看烟火。乾隆四十八年正月十五日申正二刻，乾隆在山高水长与外藩王公、朝鲜国来使等一起用餐，品尝元宵。同年正月十九日酉初，乾隆至山高水长看放烟火盒子，同时参与的除蒙古

[1] （清）昭梿：《啸亭杂录》，中华书局，1980年12月版，第375页。

王公、诸额驸外，还有霍罕、额尔沁、年班回子、杜尔伯特、土尔扈特、朝鲜国使臣等。[1]嘉道咸时期，同样是“庆节最宜三五夜，欢腾中外集西园”。

正月十五当天，山高水长楼前月台上，左右各安设烟火牌楼一座。牌楼为上下三层，十分壮观。牌楼之旁还要安设 90 个“万寿九连灯”，44 个“网城灯”。月台之前为舞灯区，再往前为回部铜绳表演区，并安设西洋秋千和转云游，两侧各搭造灯盏罩棚一架，稍南为不夜城，中列“黄河九曲灯”，用秸秆建造坊巷胡同，设灯盏无数，错落有致。又前则为“烟盒厂”，耸立着数十个烟盒架。山高水长还到处摆挂着各色人物及花鸟灯笼等。约午后3点，皇帝入座并向臣僚赐茶后，首先表演民乐和曲艺；其次由善扑营角伎献演摔跤和马戏，有时还由健锐营在楼前旷地演射鸟枪；再次，由掌仪司献演各种杂技。天色入暮时，由皇帝宣布放灯，刹那间灯火齐明，花炮、盒子响声大作，整个圆明园的大小数千只廊灯骤然通亮。《檐曝杂记》卷一记载：“上元夕，西厂舞灯放烟火最盛……未申之交，驾至西厂。先有八旗骗马诸戏。或一足立鞍蹬而驰者，或两足立马背而驰者，或扳马鞍步行而并马驰者，或两人对面驰来各自在马上腾身互换者，或甲腾出乙在马上戴甲于首而驰者。曲尽马上之奇。日既夕，则楼前舞灯者三千人列队

[1] 中国第一历史档案馆编：《圆明园》下，上海古籍出版社 1991 年版，第 945 页。

焉。口唱太平歌，各执彩灯，循环进止。各依其缀兆，一转旋则三千人排成一“太”字，再转成“平”字，以次作“万”“岁”字，又以次合成“太平万岁”字。所谓太平万岁字当中也。舞罢，则烟火大发，具声如雷霆。火光烛半空。但见千万红鱼，奋起跳跃于云海内，极天下之奇观矣。”[1]

每岁燕九即正月十九为烟火盛会收官之日，这一天，“侍卫处请派大臣管西南门，善扑营进撩跤名单，掌仪司进玩艺名单。有西洋秋千、罗汉堆塔、回子音曲、善扑营花跤、高丽跟头等名目，点出某项则预备。香山等营亦有呈进……有西洋秋千架，秋千旋转，下奏歌乐。上入座后，进什榜，每队四人，凡四队，乐器则筝与胡琴、三弦之类。叩头毕，向上席地坐，合众乐，唱满洲、蒙古曲，继阅撩跤、爬竿诸戏。又有小过堂者，健锐营择十岁以下童子放过堂鸟枪。进廓尔喀、朝鲜等处人演唱本国歌曲，回八城人奏回部乐。诸戏毕，命放花盒，侍侧者用顺风耳（以铜为之）传谕。即有侍卫，将左右柱上所系盒子药线焠火引之，金蛇电掣，倏忽间十余丈外，而鹤焰腾辉，花葩布彩矣。盒子之制，大小方圆不一，人物花鸟无所不有。诸侍卫衣貂蟒，手执花筒，络绎点放，以助欢乐。最后一盒子为万国乐春台，则每岁例备者，俗称为‘炮打襄阳城’。沿河编花篱，遍置花炮，星火乍然，万响齐发，而

[1] 舒牧、申伟、贺乃贤编：《圆明园资料集》，书目文献出版社 1984 年版，第 269 页。

圣驾即旋宫矣。嘉庆间，至酉刻即罢。事毕人散，河岸爆竹残纸殆寸许厚，而紫雾苍烟，迷漫空宇，亦历半时许方消尽也。步军统领率兵以水浇泼，谓之压火。旧时放盒子之前，尚有各种舞灯、十番清唱，最为盛丽。道光间，裁去南府，遂无灯舞、十番。其后花炮、盒子减损大半，犹不废旧制。”

圆明园每年共需各类烟花、花炮等约20余万件。从嘉庆十八年四月的一份奏折中可看出，圆明园年例承造各类烟火、炮仗等，统计二十万二千七百三十七件，按例需用银四千三十余两。[1]清宫造办处下设花炮作，有花炮匠、南盒子匠、北盒子匠、洋盒匠、起花匠各色高手。所制烟火、花炮变幻百出，穷极精巧，不可名状。山高水长年例摆设油灯，皆须画样呈报皇帝批准，其灯名有：抬头见喜、福字天来、瓶插千年柏、炉焚万年香、五福绵绵、万年一统、福寿绵长、江山万代等名目。山高水长连日烟火盛会，其耗费是十分惊人的，随着清政府后期财政上的日益困难，越来越难以筹办。道光十六年十一月，道光命令自十七年正月为始，取消每年山高水长烟火花炮。

端午龙舟竞渡。农历五月初五，又称“端五”或“端阳”。这个日子本是屈原忧国投江的忌日，后逐渐演变成一大民俗节庆，包括吃粽子、挂荷包、赛龙舟等活动。清廷十分重视端午节。是日，

[1] 中国第一历史档案馆编：《圆明园》上，上海古籍出版社1991年版，第424页。

历来不举行朝会，园内照例要举办系列酬节活动，有应节宴、应节戏及福海龙舟竞渡等项目。乾隆二十一年，五月初一、初四和初五这三天，乾隆都在上午到福海西岸望瀛洲观看斗龙舟，并于龙舟竞渡后，到同乐园听戏、进晚膳。所不同的是初一为自己看，初四、初五率王公大臣同观，初五在观看龙舟之前，于万方安和侍奉皇太后进膳。乾隆《端阳日恭奉皇太后御园观龙舟即景成咏》诗云："应陈节事酬时序，又见云容合窈冥。五福中天绵万福，康宁特地悦慈宁。九龙舟更不相竞，同向瑶台祝亿龄。"道光三年五月初一、初五两天，道光与皇太后分别在望瀛洲和蓬岛瑶台观看斗龙舟，事后道光均又侍奉皇太后到同乐园听戏、进晚膳。

皇帝及王公大臣等例在福海西岸中部的望瀛洲亭观阅斗龙舟，嘉庆时移于澄虚榭宴赏，皇太后及后妃内眷则在湖心的蓬岛瑶台观赏。当时有幸能到福海观赏斗龙舟的，除近支王公外，主要是大学士、御前侍卫、内务府大臣、南书房翰林等近臣。有时为了某种政治需要，皇帝也特允一些外藩王公和外国使臣入内同观，被视为殊荣。乾隆十八年端午日，乾隆特允葡萄牙使臣观看了龙舟竞渡。乾隆二十六年端午日，乾隆特允回部郡王霍集斯以及容妃的叔父兄长等一同观赏。乾隆二十七年端午日，乾隆特允左部哈萨克使臣策伯克一同观赏。

每年的龙舟竞渡均在福海西部举行，线路为南北方向，长约

600 米。选手是宫中太监，他们训演有素，事前要在福海中操练多时。当其时，福海四岸雕梁画栋，花红柳绿。龙舟赛道两侧用五彩粗索界定。9 只龙舟皆“画船箫鼓，飞龙鹢首，络绎于鲸波怒浪之间。兰桡鼓动，旌旗荡漾，颇有江乡竞渡之意”。龙舟经过西岸皇帝观礼台前时，必须“停桡片刻留”，以示受阅致礼。时而灿烂牙旗随“鼓”荡，时而几曲中流弄玉“箫”，非常壮观。有时龙舟上还附带一些杂要表演，如道光三年（1823）在望瀛洲作斗龙舟之戏时，在龙船上表演的各种玩艺多达 22 个，诸如瑞雨禾丰、彩台偶戏、把式卖艺等。[1] 乾嘉时期，龙舟酬节，循例举行。道光初年，尚沿竞渡故事。其后内忧外患，龙舟竞渡亦随之衰落。

七夕祭拜乞巧。农历七月初七的七夕是每年秋季开始的第一个节日，天气温和，草木飘香，姑娘和少妇们在这一天有“乞巧”的风俗，即对着月亮穿七孔针，祈求心灵手巧，故又名“乞巧节”，因节日的主要活动者是女性，亦称“女儿节”。民间还传说牛郎织女于是夜在天河踏鹊桥相会，这样，七夕因与几千年来的神话爱情传说息息相关，遂成为传统节日中最具浪漫色彩的一个。

七夕是一种古老的民俗活动，最早见于汉代。宋吴自牧撰《梦

[1] 《清升平署存档事例漫抄》卷一，第 8 页；《清升平署志略》上册，商务印书馆，2006 年 10 月版，第 69 页。

▲ 七月乞巧（雍正十二月令行乐图）

溪录》卷四载："七月七日谓之七夕节，其日晚晡时，倾城儿童女子，不问贫富，皆着新衣。富贵之家于高楼危榭安排筵会，以赏节序。又于广庭中设香案及酒果，遂令女郎望月瞻斗列拜。"宋周密撰《武林旧事》卷三载："七夕节物多尚果、食茜鸡……妇人女子至夜对月穿针……饮酒为乐，谓之乞巧。"这种活动在宋代已经在宫廷中举行。清代，宫中对此习俗极为重视，规定在这日要设贡献49种，后妃祭祀乞巧，虔祝农桑繁茂。同时，陈瓜果、搭彩棚、奉牛郎织女牌位，牵牛神的牌位是"牵牛河鼓天贵星君"，织女神的牌位是"天孙织女福德星君"，并由帝、后率内廷妃嫔对月拈香行礼，祭拜牛郎织女星君。圆明园西峰秀色是雍正喜居之地，经常于乞巧节举行类似活动。"七月七日祭牛女，宫殿监司其事。西峰秀色，为御园四十景之一，七夕巧筵，曩时常设于此，有彩棚蛛盒之胜。乾隆御制诗云：'西峰秀色霭宵烟，又试新秋乞巧筵'盖纪实也。"[1]《雍正十二月令行乐图》中的"七月乞巧图"描绘的便是七夕之夜，后妃宫女们在圆明园西峰秀色楼台上设宴乞巧的场景。

中元福海河灯。农历七月十五，旧称中元日。相传在这一天，目莲僧救其母亲亡灵解脱饥饿倒悬之苦，因而民间以祭扫为胜。

[1] 《清朝野史大观》卷二《清宫遗闻·宫闱岁时纪四》。

七月十五又称“鬼节”，僧道皆于是日设盂兰盆会或作道场超度孤魂野鬼。其时街巷设鬼王棚座，万人空巷出观城隍出巡、祭厉鬼等赛会。一些地区家家关门接祖，焚香上供礼拜，然后再送祖“回天”。旧时中元日，京都各寺院都设盂兰道场，在街巷搭造高台棚座，燃灯诵经，设斋向饿鬼施食，使之得以超度。另用锦纸扎糊法船，长可数丈，至晚临池焚化，并沿河燃放河灯，谓之慈航普渡。

中元燃放河灯，早在宋元时期即已出现，直至明清，沿行不辍。康熙时，驻跸避暑山庄，于塞湖放河灯。乾隆间，放河灯多在圆明园湖中；若逢乾隆在避暑山庄时，则亦设盂兰盆，放河灯。中元节除放河灯外，还有祭祖拜佛、施放烟火，上演应节戏等项目。乾隆朝，中元日乾隆在御园者为 25 次，其中在福海放河灯至少 14 次。乾隆二十一年七月十五日，乾隆在圆明园除了政务活动，就是安佑宫祭祖磕头、园内各处拜佛，乘船游行至福海看放河灯。次日，乾隆不再祭祖拜佛，但晚上仍乘船到福海看放河灯。嘉庆、道光二朝仍屡循旧例。乾隆时，皇太后园居的畅春园中元日也照例安排相应活动，只是规模相对较小。圆明园内年例办理中元盂兰道场，所用河灯每一份五千盏，需用黄蜡一百二十斤，向户部领取。[1] 乾隆十六年七月初一日，福海放河灯，燃放了烟盒三架、

[1] 中国第一历史档案馆编:《圆明园》下，上海古籍出版社 1991 年版，第 1004 页。

▲ 黄花阵（铜版画）

爆竹三千个、起火二百支、花五百筒。乾隆二十六年中元福海“法船”所用火炮即达 22246 件，计有 17 种名目。道光朝中前期，福海“法船烟火”所用花炮、起火等每年仍为 22270 件。福海中元放河灯，一般要制作数千盏荷花式灯笼及其他各种形状的灯笼，并在福海四岸和湖心岛上安设、燃放各式烟火盒子和花筒，同时还燃放大量的各色花炮。放河灯时，“使小内监持荷叶燃烛其中，罗列两岸，以数千计，又用琉璃做荷花灯数千盏，随波上下。中流驾龙舟，奏梵乐，作禅诵”。乾隆《中元日御园放河灯》诗句曰：“风清月白好秋时，金莲万朵灿瑶池。漂风不谢光无定，夺月常浮艳有余。”又《中元夕放河灯》诗句云：“中元恰值御园度，万炬因看琳池施。风定自然其影值，月明底借此光为。”二诗均描绘了福海中元之夜烟火万朵、绚丽灿烂的景象。

中秋赏月观景。中秋佳节又称团圆节，“海上生明月，天涯共此时”，它也是我国民俗中极富人情魅力的节日。我国古代帝王有春天祭日、秋天祭月的礼制，《礼记》中明确记载“天子春朝日，秋夕（拜）月，朝日以朝，夕（拜）月以夕”。“中秋”最早出现在《周礼》中，“中秋，夜迎寒，亦如此”。古代把农历每季的三个月，分别称为孟、仲、季。因为八月十五居于秋季的正中，所以，被称为“中秋”或“仲秋”。八月十五在唐代的故事中就已出现过，宋代中秋娱乐更胜唐代。每个朝代都有独特的过节方式，中秋节很早就有赏月、拜月、吃月饼的习俗，到了清代，祭月之风仍旧盛行。

圆明园内，中秋佳节，其乐融融。这一天，除了皇后要主持祭月外，清帝也要在月供前拈香，如乾隆二十一年中秋节，乾隆先往各处拜佛，然后处理完政事，往月供前拈香。这天夜晚，清帝一般还在西洋楼万花阵“迷宫”举行灯火晚会。妃子和宫女一个个进入迷宫，争着抢着奔向阵中心的亭子，领取皇帝给她们的奖赏。她们每人手执一支短杆，上托一朵黄绸子扎的莲花灯，花心点燃蜡烛，好似无数颗亮晶晶的星星东流西窜，构成一幅多彩的图案。福海景区的平湖秋月和后湖景区的上下天光也是中秋赏月佳处。平湖秋月位于福海北岸，是圆明园内仿建的西湖十景之一。正殿前有临水敞厅三间，紧临水面，有“近水楼台先得月”的意境。当秋深月皎，潋滟波光，接天无际之时，坐在敞厅内，不仅可赏月，还可观福海四岸的风光。上下天光主体建筑位于后湖北岸，临水而建，三开间的两层敞阁，上下四面都有檐廊供停歇和赏景，底层平台伸入湖中，平台东西两端各引出九曲平桥，曲桥中段布置有凉亭，与水面极为亲近。中秋夜晚，凉风习习，赏月观景，其乐无穷。其建筑格局后期虽有改变，但赏月的环境和意境犹在，道光题额“涵月楼”可能正因如此。《雍正十二月令行乐图》中的“八月赏月图”就描绘了一轮明月倒映湖中，人

▲ 重阳登高图，福海西北岸的平湖秋月，右上角为乾隆御书诗《九日登高旧作》

们于亭台楼阁之上赏月度宵的场景。

重阳赏菊登高。《易经》“以阳爻为九”，以九为阳，两九相重即为重九，两阳相重，故称重阳，因此每年农历九月九日为重阳节。重阳节起源于先秦，屈原《远游》诗中就有“集重阳入帝宫兮”之句。唐代重阳节被官方正式确立后，迅速在民间流行，人们在这一天赏菊、登高、插茱萸、吃重阳糕。王维《九月九日忆山东兄弟》“遥知兄弟登高处，遍插茱萸少一人”的诗句反映了人们过重阳节的习俗。赏菊、饮菊花酒是也是重阳节的主要习俗。重阳佳节，秋高气爽，是菊花盛开的时节，古称“菊月”。诗人陶渊明爱菊花成癖，他辞官归乡后，在宅旁东篱边种了许多菊花，朝夕观赏，留下了“采菊东篱下，悠然见南山”的千古名句。白居易的“满园花菊郁金黄，中有孤丛色似霜”诗句，王勃的“九月重阳节，开门见菊花”诗句都抒发了对菊花的赞美之情。

每年重阳节，清帝都要在冠上插茱萸，并随身携带菊花荷包。茱萸是一种可以做中药的果实，《本草纲目》说它气味辛辣芳香，性温热，可以治寒驱毒。古人认为头插茱萸，可以除恶气、御初寒。重阳节又称登高节，“一年游兴尽于秋”，家家出外秋游登高，饮酒赏菊放风筝。清帝亦在重阳节登高，或在景山，或在香山，如值木兰秋猕，则策马奔驰塞外。当然，清帝逢节也于圆明园内登高望远，所谓“九月九日，宫中登高在御园，或移跸香山”，[1]福海北岸的两峰插云高台亭即御园每年重阳登高之处。

（二）万寿庆典

祝寿是清宫中重要的典礼活动。皇帝生日称为万寿节，皇后生日为千秋节，皇太后生日为圣寿节。万寿节和每年的元旦、冬至并称为三大节，受朝贺仪式也大体一致。但在万寿节，王公大臣一般要向皇帝贡献礼物，并规定禁止屠宰，前后数日不理刑名，文武百官还要穿蟒袍礼服，叫作花衣期。清宫寿典繁盛异常，皇帝整旬的生日庆典极为隆重，尤其以康熙六旬万寿和乾隆八旬万寿最具盛况，乾隆为其生母崇庆皇太后举行的寿庆也颇具规模。圆明园逢万寿节朝贺时，“王公大臣、文武职官等咸蟒袍补服，于黎明时排班圆明园之正大光明殿前，三品以下者，排列于出入贤良门外。上龙袍珠冠入座，鸿胪官唱排班，引导宣赞，一如大朝仪，上受贺毕始还宫”[2]。万寿庆典一般都要风雨无阻地举行，考虑到若逢雨天的情况，道光十六年八月十二日，道光特谕内阁曰：“嗣后万寿庆节遇雨，皇子、王公等在正大光明殿檐下行礼；文三品、武二品以上官，在贤良门内外檐下左右行礼；文四品、

[1]（清）吴振棫：《养吉斋丛录》，中华书局，2005 年 12 月版，第 188 页。
[2]（清）昭梿：《啸亭杂录》，中华书局，1980 年 12 月版。

▲ 崇庆皇太后圣寿庆典图卷（局部）

武三品以下各官，在大宫门内外檐下左右行礼；丹陛乐移于正大光明殿东西厢檐下。”

乾隆八旬万寿的庆贺活动规模空前，这一庆典在三年前便已开始筹备。乾隆五十五年七月，先在承德避暑山庄举行庆典，全国各族首领、各国使臣都到避暑山庄参加庆贺，后回北京。八月十二日，乾隆由圆明园至宫内，沿途点景“竞献歌舞，欢迎夹道”。八月十三万寿节当日，王公百官、各国使臣进表庆贺后，皇帝又御内殿受皇后、妃嫔等人行庆贺礼。又受皇子、皇孙、皇曾孙、皇元孙行庆贺礼，五代同堂，欢乐异常。由样式雷主持的乾隆八旬万寿庆典自圆明园至皇宫沿路点景的设计工作，是举世罕见的特殊工程。沿途的各种点景，包括亭台殿阁、西洋楼房、假山石洞、小桥流水、演剧戏台、万寿经棚、药栏花架、宝塔牌楼，各种新奇精美的景观多达数百处。只这些御道点景的制作和布置，即耗银达 114.4 万两。清宫《八旬万寿庆典》就详细记述了自圆明园到西华门庆祝的盛况，“圆明园宫门外，东西为音乐亭各一。宫门直南为重檐楼五楹，迤西为迎寿山，上建寿星亭，其后为阁。御道北面为王、贝勒、贝子、公等庆祝处。折而南，左为西洋楼一，平台二，宗室、觉罗官员于此庆祝”。

嘉庆六年十月初六日为嘉庆四旬万寿节，是日，嘉庆御正大光明殿受皇子、王公、文武大臣、蒙古王公行庆贺礼。嘉庆六十万寿时，自都城至圆明园数十里的沿途布景也是棚坊楼阁，华丽辉煌。从圆明园至西直门还设有13个经坛，由和尚、喇嘛给皇上诵经祈福，香烟缭绕，木鱼声声。十月初七，嘉庆在群臣簇拥下从紫禁城前往圆明园，沿途彩旗招展，鼓乐喧天，市民夹道欢呼。道光六年八月初十日为万寿节，道光御正大光明殿受贺。咸丰十年六月初九日，咸丰三十寿诞，咸丰御正大光明殿受贺，并在同乐园连演4天大戏。

（三）戏曲娱乐

清代统治者一方面对戏曲十分迷恋，将戏曲演出列入朝廷仪典，场面浩大恢宏的宫廷演戏活动往往还被用来炫耀太平盛世。[1]另一方面，他们诋毁戏曲不是“诲淫”，便是“诲盗”，甚至无理禁毁，制定严禁王公贵族、八旗官员出入戏馆，严禁旗人唱戏演戏，严禁蓄养优伶等戒规。这种歪曲诋毁甚至扼杀戏曲文化的做法，最终也是为了牢牢占领意识形态阵地，维护自身统治。清统治者对戏曲的种种禁令，其实是“只许州官放火，不许百姓点灯”的霸王条款。从中也可看出帝王虚伪的一面。实际上，清廷重视戏曲，帝后沉湎戏曲才是历史的真实。编纂《清代燕都梨园史料》的张次溪称“戏剧一道，有清一代为最盛。盖清室来

[1] 丁汝芹：《清代内廷演戏史话》，紫禁城出版社，1999年9月版，第3页。

自漠野，目所睹皆杀伐之事，耳所闻皆杀伐之声，一聆夫和平雅唱，咏叹淫佚之音，宜乎耽之、悦之”。[1]每逢年节庆典或风花雪月之时，都要安排相关戏剧演出，清帝和臣僚以此为风雅，并借以炫耀四海升平。清宫中负责管理演戏的机构，初期沿用明代的教坊司。到康熙朝设立了管理戏曲演出的衙署“南府”和“景山”；乾隆时，加强了南府，并选派太监到南府去学戏。嘉庆四年，南府、景山内外各学俱移往圆明园，在圆明园外太平村居住。道光朝景山归并于南府，道光七年（1827），南府又改名为升平署。道光传谕曰：“其升平署仍在太平村归拢居住，开一随墙门，出入西爽村门，究竟是园内，为的是官事严紧……今改总名升平署者，如同膳房之类，不过是个小衙署就是了。原先总名南府，唱戏之处不必称府。其升平署总管定例七品官职。”[2]自此以后，宫中演戏主要由升平署管理。后期，也有外班到宫中演出的，即征召民间戏班和艺人临时入宫承应演戏。

看戏是帝后生活中不可缺少的一部分，戏台是演戏、看戏的场所，皇宫、苑囿、行宫都遍布着各种各样的戏台。清代是戏楼建筑发展的鼎盛期。清廷在传统戏台的基础上，建成四大宫廷戏楼，即紫禁城的畅音阁、圆明园的同乐园、热河行宫的清音阁和颐和园的德和园。不同的戏台适应了不同看戏氛围的需要。

[1] 丁汝芹：《清代内廷演戏史话》，紫禁城出版社，1999 年 9 月版，第 1 页。
[2] 丁汝芹：《清代内廷演戏史话》，紫禁城出版社，1999 年 9 月版，第 192 页。

同乐园清音阁戏楼是圆明园最大的戏台和演唱大戏的最主要处所，是一座三层卷棚歇山顶的大戏楼，每一层楼皆为一层表演的舞台，分别被称为福台、禄台、寿台，设有机轴，神祇仙佛自上层降下，鬼魅自下层升起。大戏楼后带五开间扮戏楼，并有卷棚悬山顶看戏楼及后楼，还有环绕在看戏楼两侧的双层看戏围廊等一系列建筑，形制完备。同乐园戏楼坐南朝北，一方面是从礼仪上皇帝要面南而坐，另一方面也有冬天帝后可以避开北风看戏和休憩的考虑。戏楼外观富丽，建造精美。音响设计也很科学，演员唱来相对省力，观众席上听来声音纯正，在构造技术和设备上体现了当时的科技水平所能够达到的程度。《养吉斋丛录》对该戏楼的演戏情况有这样的描述："同乐园在大宫门东，转东楼门，乘舟里许乃至。乾隆间，年例自正月十三日起，在园酬节。宗室王公及外藩、蒙古王公，台吉、额驸、属国陪臣，俱命入座，赐食听戏。又万寿庆节前后数日，亦于此演剧。正屋凡五间，圣驾临莅，主位（后妃）亦从观焉。诸臣命听戏者，先数日由奏事处以名单奏请。皇子及内廷王公、大学士、尚书、御前大臣、军机大臣、内务府大臣、南书房供奉翰林皆与。例坐于东西厢，某某同屋一间，亦先期指定。皆赐茶酒果物。演剧台深广约十丈，凡三层，神祇仙佛由上一层缒而下，鬼魅则自下一层穴而上。所演有清平见喜、和合呈祥、青牛独驾、万年甲子、太平有象、环中九九、瑶林香世界等名目，其余传奇杂齣，与外间梨园子弟扮演皆同，特声容之美盛，器服之繁丽，则钧天广乐，固非人世所得见闻。道光间，每日不过演十余齣，大抵自辰至申即罢。”[1]

万方安和的戏台为院落式戏台的变体，隔水笙簧，在音响方面别具效果。[2] 雍正喜居于此，常在此享受戏曲之乐。雍正六年四月初八的释迦牟尼诞辰日，即浴佛节，曾在圆明园永宁寺演戏一天。永宁寺佛前设供品，雍正并下令以后每年以此为例。乾隆是一个“戏迷”，历次南巡和每年到承德避暑、木兰秋狝等都有戏剧人员跟随，随时可以演唱。他非常喜欢昆曲，能击节鼓板、自制曲拍、自演唱戏中的角色，曾和皇后同唱“访贤曲”。据说，他还亲自演过《李三郎羯鼓催花》戏。[3] 乾隆还亲自过问剧本的编写，昭梿《啸亭杂录》载：“乾隆初，纯庙以海内升平，命张文敏（照）制诸院本进程，以备演习，各节皆相时演奏。”嘉庆元年正月，嘉庆在紫禁城内和圆明园同乐园共计看了 18 天戏。这年二月二十五日，在圆明园长春仙馆看戏，是日“午初一刻，进藤影花丛角门，开戏。未初，传晚膳。酉初一刻戏毕”。嘉庆十九年（1814），嘉庆在长春园淳化轩东侧大规模添盖戏台、扮戏房、穿堂房，并改建看戏殿。武陵春色恒春堂为皇帝观戏庆节

[1] （清）吴振棫：《养吉斋丛录》，中华书局，2005 年 12 月版，第 185 页。
[2] 端木泓：《圆明园新证——万方安和考》，见《故宫博物院院刊》2008 年第 2 期，总第 136 期。
[3] 李国荣：《清宫档案揭密》，中国青年出版社，2005 年 1 月版，第 226 页。

之处，嘉庆二十四年万寿节在此演出过连本大戏。道光朝，每逢端阳节在圆明园望瀛洲斗龙舟时，例行安排一些小型戏剧项目。道光之前有在圆明园内关帝庙于关羽诞辰日献戏的旧例，剧目不定。道光三年因斋戒停演，四年降旨废止。[1] 展诗应律戏台是皇太后在绮春园看戏的主要处所。道光三年正月十二日，孝和皇太后首次来绮春园园居，十五日元宵节即在此地演唱庆节大戏《星云景庆》。同年四月浴佛节、端午节及道光四年十月皇太后圣寿节、道光七年正月灯节等，皆有南府太监在展诗应律承应庆节大戏，道光并多次在此侍奉皇太后进膳。咸丰同样酷爱戏剧，咸丰二年五月，当有关人员为万寿戏请旨时，咸丰命于“奉三无私搭行台”。甚至在临死前两天，咸丰还在避暑山庄看戏。

宫廷的演戏活动非常频繁，规模也相当巨大。根据道光二年南府总管一份奏折即可见一斑。当时，圆明园大戏的衣箱、靠箱、盔箱、杂箱四式普共开除（放弃）10890 件。杂箱内的库存数未曾统计，但仅衣、靠、盔三种箱内的库存就达到了 23565 件。其中大到炮车，小到眼镜，巨细俱全。[2] 圆明园演戏于乾隆朝逐渐形成定制，每到新年、万寿节、端阳、中秋、冬至等重要节庆以及册封后妃、皇子出世等喜庆仪典，都有内容与之相应的剧目演出。每月的初一、十五都有较为固定的戏曲演出活动。凡逢皇

---

[1] 丁汝芹：《清代内廷演戏史话》，紫禁城出版社，1999 年 9 月版，第 45 页。
[2] 丁汝芹：《清代内廷演戏史话》，紫禁城出版社，1999 年 9 月版，第 82 页。

太后、皇帝万寿节时，都要在同乐园唱九九大庆之戏；端午、中秋、重阳和后妃生辰等节令，也要在这儿演戏一两天，三五天不等。逢元旦、万寿、圣寿、千秋等节日，皇帝常常召进王公大臣到宫中看戏，这也类似于一种“赏赐”。有时演戏规模很大，持续时间很长，常从早上演到下午。乾隆八旬生日演出的《升平宝筏》（即《西游记》），共有十本、二百四十出，竟连演了 10 天。据《啸亭杂录》记载，乾隆时，“上元日及万寿节，偕诸臣于同乐园听戏，分翼入座，特赐盘餐肴馔”。最后，乾隆还分赐诸臣每人一两件锦绮如意或精巧古玩。当时的演员一部分是南府的学戏太监，一部分是居住在景山西北隅的苏州梨园供奉，亦名民籍教习学生。根据演戏的频率和规模的大小，戏曲演出活动可大致归为三类。其一，宴戏。一般在宴会进行中演一两出，多为短戏，每出 10 分钟至 15 分钟，亦不大在戏台上演，多为应时按节演的吉祥戏，属承应戏的一种。其二，月令承应戏或称节令承应戏。御园中一般在每月初一、十五或前后唱戏，另在每个节令如上元、端午、七夕、中元、中秋、重阳也唱这种戏。每一种节令戏有数出或十几出。其三，成套大戏，也称连台戏，一般具有丰富的故事情节。演唱大戏，多在同乐园。演大戏的日子，多为皇帝或太后万寿节日前后。有的一本戏要连续唱十余日，且每天从早晨演到下午。

纵观圆明园一百多年的衰落史，它历经“洗劫”“火劫”“木劫”“石劫”“土劫”，渐进沦为废墟。1949年新中国成立以来，在党和政府的重视下，圆明园遗址成为中国众多文化大遗址中，原址保护、历史文脉得以不间断延续的典范。

第六章　沧桑变迁

▲ 八里桥之战（铜版画）

一、圆明浩劫

（一）兵临城下

第一次鸦片战争后，清帝国内部矛盾空前激化。1851 年，洪秀全发动了金田起义。1853 年，太平军攻克南京，改名天京并定都，正式与清廷分庭抗礼。正当清政府在为镇压太平天国而疲于奔命之时，英法两国开始了趁火打劫。1856 年 10 月 23 日，英国以“亚罗号”事件为借口，悍然进犯广州，拉开了第二次鸦片战争的序幕。太平军的极大牵制，使咸丰君臣不敢放手对付强敌入侵，清政府陷入日益被动的局面。英军于 10 月 29 日一度攻入广州，但遭到强烈抵抗，被迫撤退。1857 年，英国政府进一步煽动战争狂热，分别照会法国、美国和沙俄，提议联合出兵，压迫清政府签订新的不平等条约。法国与英国狼狈为奸，打着“为保护圣教而战”的旗号，迅即任命葛罗为全权大使，并派遣远征军赴华参战。

1857年7月至10月间，英国全权特使额尔金和葛罗先后到达中国。在美国和沙俄的支持下，英法联军于12月29日占领广州，两广总督叶名琛被俘虏。广州沦陷后，英、法、俄、美四国公使分别照会清政府，提出公使驻京、增加口岸、赔偿军费和开放内地游历等狂妄要求。清政府仅同意英、法、美三国公使到广州与新任两广总督谈判，沙俄公使与黑龙江将军商办。四国公使见无法达成预期目的，决计由英法以交战国身份在京津一带直接给清政府施加军事压力。此时的清政府正集中兵力镇压太平军，对外采取妥协和拖延战略，因而战守不决。1858年5月20日，英法联军攻占大沽炮台，进逼天津，负责交涉的直隶总督谭廷襄放弃天津。咸丰急忙派大学士桂良、吏部尚书花沙纳前往天津议和，并分别与四国签订了《天津条约》。条约规定外国公使进驻北京，开放10个通商口岸，对英法分别赔款四百万两、二百万两白银。咸丰对此大为光火，但为解燃眉之急，也只好无奈地抱着“权宜”的侥幸心理批准了条约。清政府与列强商定一年内交换条约批准书。《天津条约》签订后，英法联军南返，军事危机暂时解除，咸丰越来越觉得《天津条约》无法接受。1858年6月，咸丰命桂良、花沙纳前往上海与英法举行修约谈判，他试图以免收洋货入口税为条件来解除原订的《天津条约》。未果后，咸丰认为其他各节均可按原约执行，唯有“公使驻京”为害最巨，断难允行。

即便如此，英法也不同意。这使咸丰更加气恼，决心寻机报复，遂谕令僧格林沁修筑大沽炮台，摆开了不惜一战的阵势。1859年，英、法、美三国公使北上换约，咸丰指定从北塘登陆，由清政府派兵护送经天津去北京，公使进京不能乘轿摆队，觐见皇帝必须遵守中国礼仪。英、法公使拒绝按照指定路线进京，并无理要求撤除大沽口防卫，双方争持不下，战端再起。6月17日，英舰队司令贺布率领英、法、美三国军舰到达大沽口外，借口进京换约，于25日闯进白河，炮击大沽炮台。清军奋起还击，击毙美舰司令，贺布和法舰司令亦受伤，侵略军狼狈逃去。大沽之战的胜利，一方面使咸丰极为兴奋，认为列强黔驴技穷，对外策略转趋强硬；另一方面也企图对侵略者“乘机说理”，寻求妥协。

1860年，英法联军卷土重来，先后占据舟山、烟台和旅顺。7月末，再次闯至天津大沽口外，决意报复大沽之败。清政府寄望于美国公使从中调解，并撤北塘防守，以便英、法公使由北塘登陆，进京换约。然而，英、法不予理会。由于武器的落后和战略的失误，清军节节败退。8月1日，英法联军未经战斗自北塘登陆。清政府照会英、法，允其赴京换约，英、法未予理睬。15日，咸丰谕令前敌主帅僧格林沁：“现在大沽两岸正在危急……惟天下根本，不在海口，实在京师。若稍有挫失，总须带兵退守津郡……万不可寄身命于炮台，切要！”21日，大沽北岸炮台失陷。22日，大沽南岸炮台又被占领。僧格林沁经天津，退守通州。

24日，天津失守。咸丰急派桂良赴津谈判，谋求和平解决。额尔金、葛罗提出除原定《天津条约》外，清政府还要接受赔款英、法各八百万两白银、特使进京换约、增辟天津为通商口岸等要求，方可息兵，并声称“差有一条不允许即带兵北犯”。9月2日，桂良接受全部条件。但咸丰不同意“一概允准”，要桂良设法适当挽回部分条款。7日，英、法借口桂良谈判权限不够，中断谈判，向通州进犯。8日，咸丰改派怡亲王载垣、兵部尚书穆荫前往通州议和。14日，额尔金派巴夏礼至通州谈判，载垣答应英法全部要求。16日，咸丰谕令载垣等人，英、法所提各条款，“均予允准”，但入京换约时，英法使臣所带从人每国不得超过400人，待换约后，支付英法现银赔款于两月内在天津缴清。

17日，巴夏礼等人至通州，巴夏礼言辞桀骜，节外生枝，要求换约时特使亲自向皇帝呈递国书，双方就此争执不下。18日，载垣派恒祺往见额尔金，半途即见英法军队结队前进，恒祺当即折回。僧格林沁认为事已决裂，向载垣建议将巴夏礼羁留在通州，获得同意。僧格林沁随即将巴夏礼等39人缉拿，其中英人26名，法人13名。载垣声称：“巴夏礼善能用兵，各夷均听其指使，现已就擒，该夷兵心必乱，乘此剿办，谅可必操胜算。”其实，巴夏礼只是额尔金的中文翻译和谈判助手，并不能影响整个战局，后来的事实也证明，靠扣押巴夏礼来影响大局无非是一厢情愿的幻想而已，反倒致使其后交涉更加被动。同日，英法联军进逼通州，僧格林沁退守通州以西的八里桥，扼守敌军赴京之路。19日，咸丰下诏与英法决战，但言辞中仍为议和留下后路。21日，英法联军对八里桥发起总攻，清军英勇还击，先重创侵略军而后溃败。“一些皇帝的禁卫军，身着引人注目的黑边黄袍在我们大炮的交叉火力下跑遍全桥，并且在枪林弹雨下挥舞着旗帜以鼓舞中国步兵的斗志。他们中没有一个人后退，全都以身殉职。”[1]“在整整一小时内，他们顶住了使他们惨遭伤亡的压倒火力。这些勇敢的然而还不够灵活的战士，与其把战场易手，让给敌人，还是宁愿一步不退，勇敢坚持，全体就地阵亡。”[2]八里桥战役“大挫清兵之锐气，让朝廷惊恐万状、惶惶不安，使其行动瘫痪，同时也削弱了民众原本就犹疑不决的力量”。[3]“是砍倒那棵高傲雪松的最后一斧。清军士气低落、全线溃退，在逃遁中带走皇帝的最后希望，以致皇帝只得往北逃窜。”[4]英法联军长驱直入，京师大为震动。

正在圆明园的咸丰眼看大势已去，异常惊恐，改授恭亲王奕訢为钦差大臣，负责与英、法和解。22日清晨，咸丰带领后妃、皇子载淳及亲信大臣以“北狩热河”为名，仓皇逃奔承德避暑山

[1] 中国史学会主编:《第二次鸦片战争》六，上海人民出版社1978年版，第292页。
[2] 中国史学会主编:《第二次鸦片战争》六，上海人民出版社1978年版，第293页。
[3] （法）布立赛:《1860: 圆明园大劫难》，浙江古籍出版社2005年版，第160页。
[4] （法）布立赛:《1860: 圆明园大劫难》，浙江古籍出版社2005年版，第160页。

庄。其实，早在侵略军由天津北犯之时，咸丰就曾在圆明园召见王公大臣，宣称将“暂幸木兰”，但遭到绝大多数官员的反对。咸丰后来又将避难热河说成“亲征之举”，是“统带劲旅，坐镇京北，遥为控制”，文武百官亦纷纷质疑。据《翁同龢日记》记载，9 月 13 日，醇郡王奕譞入圆明园痛哭流涕，请咸丰不要北逃，要求身先士卒，决一死战。惇亲王奕誴亦大力支持此建议，军机大臣文祥慷慨陈词，“至于碰头血出”。在强大的舆论压力下，咸丰不得已而让步。为了“息浮议，定民心”，他暂时打消了逃奔之意，声称“作为天下臣民之主，在此时势艰难之际，岂能偷闲有幸”。八里桥战役失利后，面临兵临城下的危局，咸丰束手无策，只知逃命为上，哪怕自食其言，也无所顾惜。野史中称，但凡皇帝在御园乘舟时，岸上宫人必曼声呼“安乐渡”，递相呼唤，其声不绝，直至御舟到达岸边。咸丰出逃时，他的儿子也效法呼喊“安乐渡”。咸丰听后感慨万千地说：“从今以后再也没有什么安乐了。”清人笔记记载了咸丰出逃的狼狈情景：銮舆不备，扈从无多……车马寥寥，宫眷后至，洵迫不及待也。是日，上仅咽鸡子二枚。次日上与诸宫眷食小米粥数碗，泣数行下。[1] 咸丰北逃后，总管内务府大臣文丰、明善，遵旨照料圆明园。但圆明园不可避免地陷入严重的混乱中，入值官员“相顾失色”，执事人员惶惶

[1] 《庚申英夷入寇大变记略》，中国史学会主编《第二次鸦片战争》二，上海人民出版社 1978 年版，第 49 页。

▲ 任亮墓碑碑文拓片

如也。奉命办理和局的王公大臣也“互相嗟叹，计无所出”。京城内外惊恐，城门紧闭，商贾外逃，土匪四起，人心惶惶。政府机构也已陷入瘫痪状态。此后几天，奕訢和额尔金、葛罗围绕着先释放巴夏礼等人还是先停止战争状态，进行了一连串的外交攻防，但未见成效。

29 日，巴夏礼被解除监禁，并受到礼遇。30 日，咸丰指示奕訢从速议和。10 月 6 日凌晨，侵略军发动进攻，惨败后的清军如惊弓之鸟，纷纷溃退，北京东、北、西三面为敌控制。英军司令格兰特、法军司令蒙托邦合谋进犯圆明园。法军与一部分英军于午后 3 时左右，经海淀直扑圆明园，晚 7 时到达圆明园大宫门。此时，守园的八旗兵丁绝大部分已经溃败，几近“逃散一空”。圆明园伎勇太监“八品首领”任亮不畏强敌，带领数十名太监与敌人战斗，任亮等人殉难。法军入踞圆明园，总管内务府大臣兼圆明园管园大臣文丰投福海自尽。自此，英法联军在海淀一带大肆抢掠、破坏。

（二）劫掠圆明园

从入园伊始，法军就在园内进行了劫掠。10月 7 日，额尔金、格兰特至圆明园，立即与葛罗、蒙托邦在正大光明殿召开分赃会议。决定英、法各派委员 3 人，负责瓜分园内宝物，并选择名贵物品，献于英、法君主；部分物件用作两国军队的奖品；其余可归虏获者据为私有。蒙托邦指示法国委员先取在“艺术及考古上最有价值之物品”，并以“法国极为罕见之物”由外交大臣“奉献给拿破仑三世而藏之法国博物馆”。格兰特“派英军竭力收集应属于英人之物件”。即日起，一场震惊世界的“文明人”大抢劫开始了。无数的金银珠宝、大批珍贵的图书字画及丝织物均被洗劫一空，成了英法联军的囊中之物。英军翻译官斯温霍写道：“这个地方任凭人随意蹂躏践踏，出现的是一种恐怖的毁坏场面！不久前，这些整齐地摆设着古玩珍品的房屋中所呈现的那种寂静气氛被完全搅乱。军官和士兵，英国人和法国人，以一种不体面的举止横冲直闯，每一个人都渴望抢到点值钱的东西。多数法国人都拿着巨大的棍棒为武器，遇到不能挪动的东西就捣个粉碎。在一间屋子里，你可以看到好几个各种等级的军官和士兵钻到一个箱柜里，头碰头，手撞手，在搜寻和强夺里面的物品。另一间屋里，大群人正争先恐后地仔细检查一堆华美的龙袍。有的人在对着大镜子玩弄掷钱的游戏，另外的则对着枝形吊灯搞掷棒、打靶来取乐。尊重身份的事情已经完全看不到，占优势的是彻头彻尾的混乱状态。”[1]法军翻译官德里松对洗劫情形描述道：“这个各种肤色、各种类型的人群，这堆扑向金山银山的各色人等，他们用世界上

[1] 中国史学会主编：《第二次鸦片战争》六，上海人民出版社 1978 年版，第 349 页。

的各种语言欢呼着，他们疾步如飞，连敲带打，脚底被绊，摔倒在地，重新爬起，发誓咒骂，欢呼惊叫，各取所需。他们仿佛是一群蚂蚁，在路人的脚下惊慌失措地四散逃窜……有些士兵正把头埋在皇后的红漆箱子里；有些士兵正把半个身子藏在了成堆的绫罗绸缎中间；还有些士兵正把红宝石、蓝宝石、珍珠、大水晶装进口袋里、衬衫里、军帽里，正在往胸口里装大珍珠项链；有些士兵正往外走，怀里抱着摆钟和挂钟；有些工程兵带来了斧头，把家具劈开，取出镶嵌在上面的宝石。”[1]“在到达海淀的时候，法国军队只有一辆车子，是将军坐的，车子上放着将军的帐篷和行李箱。在军队出发的时候，我不知道他们从哪里找到了一大批车子，上面载满了东西，这个车队的通过就要持续好长的时间。至于英国人的行李队伍，长得让人难以置信。这支漂亮的队伍足足有八公里长。”[2]可见，当英法联军暂时撤离圆明园时，连随带的成千辆车子和驮兽也都满载而归了。10月9日的《纽约时报》即有劫掠的现场报道：“最近这两天发生在那里的景象却是任何笔杆子都无法恰当描述的。不分青红皂白的抢掠被认可。贵宾接待厅、国宾客房和私人卧室、招待室、女人化妆室，以及其他庭园的每个房间都被洗劫一空。清国制或外国制的艺术品有的带走，有的体制太大无法搬走就把它们砸毁掉。还有装饰用的墙格、屏

[1]　（法）埃利松：《翻译官手记》，中西书局2011年1月版，第229、230页。
[2]　（法）埃利松：《翻译官手记》，中西书局2011年1月版，第243页。

风、玉饰、瓷器、钟表和家具，没有哪件东西能逃过劫难……如果当初大清国的皇帝陛下能把圆明园中的一切完美无缺地移交过来的话，那它将会卖出一个天价，可惜有 3/4 以上的东西被法国人毁坏或掠走了。”[1]《泰晤士报》记者也记载道：“在场的每一个军人，都掠夺很多。在进入皇帝的宫殿后，谁也不知该拿什么东西，为了金子而把银子丢了，为了镶有珠玉的时计和宝石又把金子丢了，无价的瓷器和珐琅瓶，因太大不能运走，竟被打碎……许多人掠回三四十磅纯金，另一些人则得到无价的珍宝和宝石。”[2]格兰特的翻译官记述说：“每一个被许离开营房的人都到圆明园去，因为将军现在不反对劫掠。绿库被打开了，他们整批地冲进去，踏过成捆的珍贵的绿绸和绣花衣服。这些东西堆积如山，被成批地拿出去。”“虽然劫掠者用车子运走，余下的还散布满地。当这些强盗扩大搜索时，继续不断地发现新房间，其中装满了古铜器、时钟、珐琅瓶，以及无数的翡翠珍宝，他们赶忙冲进去，因东西太多了，运输工具就显得少了。”[3]法军少尉布瓦西厄说：“当我到达的时候，人们已经拿走了最漂亮的物件：这些最稀有的物件装满了 7 辆巨大的车子，这些东西应该迅速送往法国建立

---

[1] 郑曦原编：《帝国的回忆：〈纽约时报〉晚清观察记》，三联书店 2001 年版，第 191 ~ 193 页。

[2] 《北京的和平》，《泰晤士报》，1861 年 1 月 14 日。

[3] 转引自蒋孟引：《第二次鸦片战争》。

▲ 枫丹白露宫中国馆全景

▲ 金发塔（枫丹白露宫藏）

▲ 圆明园景名玉器（枫丹白露宫藏）

▲ 海晏堂十二生肖喷泉之青铜猴首，现存保利艺术博物馆

▲ 海晏堂十二生肖喷泉之青铜虎首，现存保利艺术博物馆

▲ 海晏堂十二生肖喷泉之青铜牛首，现存保利艺术博物馆

▶ 海晏堂十二生肖喷泉之青铜猪首，现存保利艺术博物馆

▲ 海晏堂十二生肖喷泉之青铜鼠首、兔首，现存国家博物馆

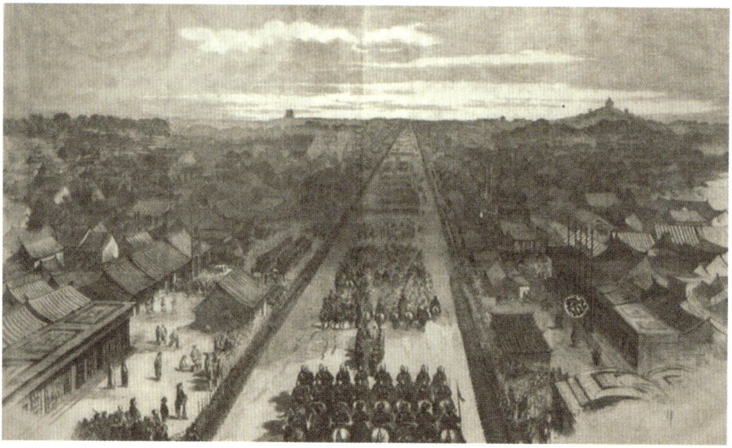

▲ 英军在北京城武装游行

一个中国博物馆。我们可以装满 200 辆车，如果我们有这么多车的话。”……“圆明园现在只是一个回忆，数天以前，它是一个可能比凡尔赛宫和卢浮宫加在一起还要富丽堂皇的皇宫。它足以供整个地球上的学者和艺术家们研究好几年……我们可能是，并且无疑是最后一个看见所有这些奇迹的欧洲人……我们从这些被毁坏、搜索、掠夺的宫殿出来，内心充满了悲伤：突然的毁坏那么快且那么突然地代替了财宝和华丽，是多么令人伤心的事情！”额尔金在致家人的信中说：“劫掠和蹂躏这个地方已够坏了，但更坏得多的是破坏。”格兰特命令英兵把抢来的贵重物件交出，进行公开拍卖，售款分给军官和士兵，并将从圆明园抢到的一对大珐琅瓶、一个黄金和碧玉做成的朝笏奉献给英国女王。

在洗劫圆明园的同时，侵略军还闯入清漪园和静明园、静宜园等园林，对各园陈设进行抢掠。英法联军退出后，圆明园一带异常混乱，土匪和附近的村民得以浑水摸鱼，捞取遗散物品。当时，官员鲍源深入值圆明园，他记述说：“夷人已退，乘车回园寓一顾，则寓中窗槅已去，什物皆空，书籍字帖抛散满地……至大宫门，则闲人出入无禁，附近村民携取珍玩文绮，纷纷出入不定，路旁书籍字画破碎抛弃者甚多。”[1] 李慈铭《越缦堂日记》记载：“圆

[1] 中国史学会主编：《第二次鸦片战争》六，上海人民出版社 1978 年版，第 113 页。

明园为夷人劫掠后，奸民乘之，攘夺余物，至挽车以运之。上方珍秘，散无孑遗。”奕訢也在奏折中说：“夷兵退出，旋有匪徒乘势聚众抢掠，似此情形，令人切齿痛恨！”可见，英、法大掠后，圆明园几乎处于无人守卫的状态，以至于大批土匪进园抢掠。清廷接管圆明园后，圆明园八旗护军营、香山健锐营、外火器营随即赴圆明园、三山一带严密防守，搜拿土匪，收缴被掠物品。

8 日，因英法联军劫掠圆明园，奕訢不愿再将巴夏礼等人轻予释放。城内的留京王大臣担心英法联军开炮攻城，遂将巴夏礼等 8 人送至英法军营。9 日，英法联军撤出圆明园，屯聚德胜门、安定门之间。法军司令蒙托邦、英军司令格兰特照会奕訢，强硬要求于 13 日带兵把守安定门。12 日，奕訢致函英法特使，虽对英法焚掠园庭表示不满，但却同意了英法联军占领安定门的无理要求。13 日，侵略者满布城墙，遍插旗帜，安放炮位，清廷将安定门、德胜门之官员、兵丁尽行撤出，北京城实际上已经沦陷。法国人拉否例在总结清廷让出安定门的后果时说：“事实上，北京刚刚屈服。北京被占领了，从现在起中国皇帝的首都被置于英法联军将军的保护之下。”[1]17 日，奕訢收到额尔金、葛罗的照会。额尔金要求：20 日十时应允赔偿三十万两“抚恤”金；22 日交款，23 日“续约”画押；交换《天津条约》批准书，否则夺取皇宫。

[1] （法）布立赛：《1860：圆明园大劫难》，浙江古籍出版社 2005 年版，第 263 页。

葛罗声言："本国兵丁临近京师，复至圆明园拿取物件，此系交仗之常例"；限22日清偿"抚恤"赔款二十万两白银；归还康熙年各省所建之天主堂，暨奉教人之坟茔、房屋、庄田；23日画押换约，否则便将进兵猛攻，且遍及各省，限令20日午前答复。也就在这一天，北京留守王大臣面请俄国公使居中调停，俄使乘机在领土问题上大肆勒索。至此，战守均不足恃的奕䜣除了接受英、法的全盘要求外，已经别无选择。

（三）火烧圆明园

正当清政府屈膝退让，答应接受全部"议和"条件时，为了给清廷留下"赫然严厉"的印象，迫使清政府长期俯首帖耳，额尔金借口英、法被俘人员在园内遭到监禁凌辱，决意焚毁圆明园。他诡称要求交出安定门时尚不知英法"侨民"遭屈辱虐待，因此"和议尚不能成立"，叫嚣"圆明园者，英法侨民所受痛心疾首惨刑而死之地也。势必毁为平地，此条固无须恭王之承认，敝军统帅所已决定，亟将执行者也"。同时，额尔金还要求清廷须向受害人家属支付赔款三十万两白银，并以没收关税、阻碍漕粮和援助太平军相威胁。法方亦乘机勒索赔款二十万两，但对焚园持异议。葛罗认为"如此为之，则是自济于野蛮人矣"，若对清政府"逼之已甚"，奕䜣可能会不敢议和，而不得不进攻皇宫，最终导致清朝颠覆，致使太平军得利，反不符合英、法利益。格兰特认为清政府非常重视圆明园，焚毁圆明园就能“留下不易泯灭、永久保存在人们脑海的痕迹”，比单纯签订条约要效果显著。

其实，英军决定焚毁圆明园是经过精心选择的。圆明园是清帝的一个统治中枢，其重要性不亚于紫禁城。在额尔金看来，圆明园乃是清帝最宠爱的宫殿，焚毁圆明园“足以使中国及皇帝产生极大的震动”，是一个既可打击清政府，又不至于因焚毁皇宫而可能吓跑恭亲王等人，从而失去谈判对象的做法，因此是“最无瑕疵的”选择。焚毁圆明园是要对清廷进行最严厉的精神打击，并留下报复的痕迹，留下永久不可磨灭的印迹，使之更加顺服。所谓的战俘被害，仅是借口。最终目的无非是迫使清廷就范，速定和约。因为，冬季即将来临，侵略者须尽快撤离北京，避免补给困难和在天气严寒的冬季作战。为此，他们要采取断然措施来逼迫清廷早定和约。经过深思熟虑，他们便采取了焚烧圆明园，威逼清政府，加速和约缔结进程的手段。法军医生吕西认为此举“是打击清朝官员，特别是宫廷思想精神的唯一办法……皇帝才是我们直接打击的对象，我们只让一个人难受。我们给后人留下我们复仇的永久回忆，留给那些可以确保我国未来安宁的大人物一种恐怖的感情。如果再过几天（大概是25日）我们能够签订和约，这在大部分上是多亏了这一强有力的行动。这一行动的打击力度要比让小人物受到最严厉的惩罚的力度还要大”。[1]

15 日，英军嚣张地发布公告，宣称将“圆明园内宫廷殿宇立行拆毁”。18 日，格兰特派骑兵团在圆明园及周边地区四处点燃起罪恶的大火，圆明园顿时化成一片火海。“有一两师军队，布散在乡间放火，焚烧四个皇家花园中的一切宫殿。从圆明园开始，其次转向西边的万寿山、静明园，最后到香山。”[2] 英军牧师麦卡吉记述道：“重重的烟雾，由树木中曲折的升腾起来。这些树木中掩映着一座年代古旧的靠近此园中心的宏大宫殿，屋顶上镶着黄色的瓦，日光之下光芒闪耀。辚辚的屋瓦构成奇妙的形状，只有中国人的想象力才能构思出来。顷刻工夫，几十处地方，都冒出一缕缕的浓烟迷雾……不久，这一屡屡的烟聚成一团一团的烟，又集合为弥天乌黑的一大团。万万千千的火焰向外迸发出来，烟青云黑，云蔽天日，所有庙宇、宫殿，举国仰为神圣庄严之物和其中历代收藏，都付之一炬化为劫灰了。”[3] 英军翻译官斯温霍说：“火焰和冒着烟的火场随处皆是，使得走什么道路都困难。不幸的是，紧接的许多农舍也被波及，瞬刻化为灰烬……飘荡的火焰卷曲成奇怪的彩结和花环，并最后捻成一股环绕在大门上。

---

[1] 张恩荫、杨来运：《西方人眼中的圆明园》，对外经济贸易大学出版社，2000 年 10 月版，第 79 页。

[2] 舒牧、申伟、贺乃贤编：《圆明园资料集》，书目文献出版社 1984 年版，第 158 页。

[3] 英军随军牧师麦卡吉语。

从屋顶早已经覆没的大殿中直升天空的一股黑烟与嘶嘶嘘嘘、噼噼啪啪发声正燃烧的红色火焰，为这幅现实的图画提供了强烈的背景，好像为这场遍布周围的毁坏歌功颂德。”[1] 格兰特的翻译官形容道：“一根又黑又长的巨大烟柱直插蓝天，表明行动已经开始。随着时间的推移，烟柱不断扩展、变厚，越来越浓，给北京城罩上一层黑云，仿佛一场暴风雨即将来临。当我们接近圆明园时，大火发出骇人的劈剥和呼啸声。目光透过浓烟，给花草树木涂上了一层惨淡的色彩。暗红的火光映照在往来忙碌的士兵脸上，使他们活像魔鬼，正在为举世无双的珍宝的毁灭而欢呼雀跃。”[2] 英军牧师麦卡吉还具体描述了最后放火的情况：“当我们回来的时候……两队骑兵，绕行一周，将我们忽略过去的那些外在的建筑也都一齐架火燃烧……新焚毁的区域宽阔而遥远，现在所仅存的只有那座正大光明殿，以迄大宫门中间所有的建筑尚屹立存在，未付焚毁。因为里面住着军队，故迟迟有待。时已3点，我们必须整队开回北京，乃发布命令一并焚毁。刹那间，找到了燃烧的材料，有几个手脚伶俐的来复枪手立刻动手放火，遂将这座正大光明殿熊熊燃烧起来。庄严华贵之区，且曾为高贵朝观之殿，经此吞灭一切的火焰都化为云烟了。屋顶在火焰中燃烧

[1] 中国史学会主编：《第二次鸦片战争》六，上海人民出版社1978年版，第352、353页。

[2] （法）布立赛：《1860：圆明园大劫难》，浙江古籍出版社2005年版，第274页。

一些时候，不久即要倒塌。一百码处就可以感到那种炎热的气息。随后巨声一响，屋顶倒塌……这座算作世界上最宏伟美丽宫殿的圆明园，绝不留一点痕迹。”[1]麦卡吉声称：“当你目睹此种情况，一腔荡气回肠的情感自不胜悲从中来，不能自已。从今往后，数千百年为人所爱慕的崇构杰制，不复能触到人类的眼帘了。这些建筑都足以表彰往日的技术和风格，唯一无二，世上没有什么东西可和它们比拟。你们曾经看过一次，就永远不能重睹……它们消灭无形，人类不能重新建造。”法军翻译官德里松说：“皇宫被毁，宝塔、博物馆、漂亮的图书馆都被毁，直到地基。那些珍贵的稿本文书已不复存在，就如同过去在亚历山大城的行为一样，大风将黑灰吹拂到了初雪的表层。”[2]“夜色温柔，而圆明园里，屋顶接二连三地坍塌下来，压倒了燃烧中依然挺立的墙壁，吐出大团大团的浓烟……圆明园立刻呈现出一派混乱和劫后的荒凉。”[3]“圆明园继续在燃烧。风吹着浓烟形成的黑云飘向北京城，给北京城蒙上了一层黑纱。”[4]英军中校吴士礼记述道：“连续两个整天，浓烟形成的黑云一直飘浮在昔日繁华富丽之乡的上空。

[1] 徐德权、袁长平：《帝国主义对北京皇家园林的劫掠》。

[2] 耿昇：《孟斗班与第二次鸦片战争》，《学术月刊》，2006 年 1 月，第 38 卷 1 月号。

[3] 耿昇：《孟斗班与第二次鸦片战争》，《学术月刊》，2006 年 1 月，第 38 卷 1 月号。

[4] （法）布立赛：《1860：圆明园大劫难》，浙江古籍出版社 2005 年版，第 272 页。

西北方向吹来的清风，将这浓密的黑云刮到我们的营地上空，继而推进到整个北京城。尽管都城与圆明园相距甚远，但浓烟带来大量炽热的余烬，一浪接一浪地涌来，落在大街小巷，无声地述说和揭露皇家宫苑所遭受的毁灭与惩罚。在这两天里，营地和圆明园之间，日光被天空的浓云所笼罩，仿佛一场持久的日食一般。周围的地区也是一片黑暗。”

大火数昼夜不熄，圆明园惨遭焚毁的同时，万寿山清漪园、玉泉山静明园、香山静宜园也未能幸免。当时奉命协助奕訢办理和谈的鲍源深描述道：“夷人焚五园三山，圆明园内外胜景，悉成煨烬矣。”翁同龢在日记中也记载：“京城西北，黑烟弥天，竟日不绝。”“万园之园”在火海中化为灰烬，额尔金却得意忘形地宣称：“这番景象很是光辉灿烂……此举将使中国和欧洲震惊，其效远非万里之外之人所能想象者。”格兰特无耻地宣称：“这是一幕幕壮观的场面，如同尼禄欣赏他亲自下令焚烧的罗马一般……我对于摧毁这样一座宏伟古建筑感到遗憾！我觉得这是一种野蛮人的行为。但为了给中国人一种将来的教训，我认为这是必要的。”英国首相巴麦尊对火烧圆明园的暴行亦拍手称快，并且对城内的皇宫没有同样被烧毁而感到遗憾。倒是蒙托邦承认：“我欣赏过其精美做工的所有漂亮的宝塔，现在都付之一炬。这是与一个文明民族不相宜的报复行为，因为它破坏了在数世纪期间受到尊重的那些令人欣赏的建筑。”[1]

明火执仗的强盗无耻地把野蛮行径看作了不起的业绩，而正直的人们则为之无比愤怒。1861年，法国文豪雨果在致友人的信中写道：“一天，两个强盗走进了圆明园，一个抢劫，一个放火。可以说，胜利是偷盗者的胜利，两个胜利者一起彻底毁灭了圆明园……这两个胜利者一个装满了口袋，另一个装满了钱柜，然后勾肩搭背，眉开眼笑地回到欧洲。这就是两个强盗的故事。我们欧洲人自认为是文明人，而在我们眼里，中国人是野蛮人。可这就是文明人对野蛮人的所作所为。在历史面前，这两个强盗分别叫作英吉利和法兰西。”法国前总统德斯坦认为：“焚掠圆明园，对中国至为残酷，而英法两国殖民军则极其可耻。”[2]法国学者布立赛明确指出：“1860年对华‘远征’，是殖民战争，更确切地说，是帝国主义征战，与19世纪帝国主义殖民掠夺完全一脉相承”。[3]历史学家朱维铮说：“火烧圆明园是对文明的破坏，纵火者堪称文明恶棍。”“英法联军的强盗行径，具有侵略性、掠夺性和破坏性，殖民帝国疯狂掠夺中国和破坏人类文化遗产的

[1] 耿昇：《孟斗班与第二次鸦片战争》，《学术月刊》，2006年1月，第38卷1月号。

[2] （法）布立赛：《1860：圆明园大劫难》，浙江古籍出版社2005年版，中文版序，法国前总统德斯坦语。

[3] （法）布立赛：《1860：圆明园大劫难》，浙江古籍出版社2005年版，前言部分。

罪行需要进一步的口诛笔伐。”[1]英法侵略军头目口口声声狡辩清廷扣押、虐待其被俘人员是“不顾国际公法”的“野蛮”之举，而他们火烧圆明园同样出于故意，包含着更多的“野蛮”“残酷”和“不顾国际公法”。姑且不论英法联军一路的烧杀抢掠，单由火烧圆明园造成的“常嫔因惊溘逝”和“总管内务府大臣文丰投福海殉难”也是极大的不人道。英军上尉邓恩在日记中直言：“我们声称不打中国民众，只打他们的政府。口头上说得好听，实际上却另行一套。”[2]需要指出的是，洗劫圆明园是英法联军的共同罪行，火烧圆明园也不例外。尽管法军未参加18日、19日大规模的纵火焚烧，但是在占领圆明园之初，也就是6日至8日，圆明园建筑即有数座被焚，大宫门外朝房及海淀附近的居民铺户亦被焚毁大半，圆明园福园门外的澄怀园也被焚烧。内务府大臣明善的奏折明确记载九洲清晏、长春仙馆、上下天光、山高水长、同乐园、大东门均于6日被焚烧，正大光明殿等于18日、19日被焚烧，玉玲珑馆于24日被焚烧。英军翻译官斯温霍记述说：“当法国人对圆明园内部毁坏工作完竣后，他们烧焚了皇帝的寝宫，退出庭院。”[3]在这一系列的焚烧事件中，英军和法军都难辞其咎，都应受到严厉谴责。

[1] 朱维铮：《龚橙与火烧圆明园》，《文汇读书周报》，2002年8月30日。
[2] （法）布立赛：《1860：圆明园大劫难》，浙江古籍出版社2005年版，第91页。
[3] 中国史学会主编：《第二次鸦片战争》六，上海人民出版社1978年版，第351页。

侵略者如愿以偿，火烧圆明园确实达到了预期的效果。已成惊弓之鸟的咸丰为保全大局，命令奕訢从速与英、法议和，尽快画押换约。19日，奕訢照会额尔金、葛罗，同意接受一切要求。22日，清廷将现银五十万两赔款缴给英法联军。23日，额尔金、葛罗与恭亲王商定，英国定于24日赴礼部画押换约，法国定于25日赴礼部画押换约。

24日，在经历了英法联军占领安定门和火烧圆明园等一系列重大事件后，中英《北京条约》签订仪式在礼部大堂举行。英方代表为特使额尔金，中方代表为恭亲王奕訢。中英《北京条约》签订，并互换中英《天津条约》。为郑重其事，额尔金要求传集在京文武大臣，同赴礼部。是日，奕訢率大学士贾桢、周祖培、尚书赵光、陈孚恩等，各带护卫入城，候于礼部大堂，其各营禁兵皆止正阳门外。时人描述道："日午，额尔金、巴夏礼等乘八人舆，入自安定门，盛陈兵卫，鼓吹前导，杂以西洋乐。王大臣等迎于门外，分东西两阶。入席，额尔金等见奕訢用免冠礼，奕訢拱手答之，分左右坐，通事传宾主于樽俎间。礼成，换约而去。"[1]"以礼部为公所，陈设华美。午刻恭邸至，巴夏礼先到，恭邸立而迎之。有顷，额尔金来，设鼓吹，乘八人绿舆，恭邸降阶迎，额免冠鞠躬。宾主坐……以和约彼此画押，即登舆去，邸

[1] 夏燮：《中西纪事》，岳麓书社1985年版，卷一五。

送之如初。又：恭邸住法源寺，馈夷酋食物。”[1] 恭亲王在侵略炮火威逼之下割地赔款，而且，签署条约时，又是鼓乐喧天，又是馈赠食物，低三下四，令人慨叹。条约签订，并互换了文书，然而额尔金和奕訢两人之间的冷淡关系却一点也没有打破。“额尔金勋爵签和约用的是笔，但却想使人感到战胜者利剑的全部分量……英国人这样做，当然不会不经考虑，不会全凭印象，不去考虑事情的意义和后果。在额尔金勋爵对待恭亲王的态度上含有一层政治含义，要使中国感到：英国所签订的不是一个和约，而是一个征服的条约。”[2] 中英《北京条约》承认《天津条约》完全有效，主要内容为：增开天津为商埠，割让九龙半岛南端之九龙司给英国，准许英国招募华工出口，赔偿英国兵费及商务亏损银八百万两。25 日，奕訢与葛罗亦于礼部大堂签订中法《北京条约》，并互换《天津条约》。中法《北京条约》除承认《天津条约》完全有效外，主要内容有：增开天津为商埠；准许法国招募华工出口；任中国各处军民等传习天主教，赔还以前所没收之天主教堂、学堂、坟茔、田土、房屋，并允许法国传教士在各省租买田土，建造自便；赔偿法国军费银八百万两。31 日，奕訢将咸丰批准条约的谕旨告知英法特使。11 月 1 日，法军撤出北京。6 日，英军将安定门驻扎权交回清政府。9 日，英军退出北京，撤回天津。

[1] 金梁：《近世人物志》，北京图书馆出版社，2007 年 4 月版。

[2] 中国史学会主编:《第二次鸦片战争》六，上海人民出版社 1978 年版，第 307 页。

▲ 恭亲王奕䜣与英法代表议和签约场景（法国铜版画）

11 日，咸丰针对奕訢等人奏请回銮，谕曰："虽已换约，然退兵后，各国夷酋尚有驻京者，亲递国书一节，既未与该夷言明，难保不因朕回銮，再来饶舌。诸事既未妥协，设使朕率意回銮，夷人又来挟制，朕必将去而复返，且恐京师人心震动，更有甚于八月初八日之举。朕本意暂缓回銮，俟夷务大定，再将回銮一切事宜办理。本年回銮之举，该王大臣等不准再行渎请。"咸丰已经完全被吓破了胆，一味沉湎于热河安逸的酒色生活之中，好似与英、法玩起了捉迷藏的游戏。14 日，沙俄趁火打劫，迫使清廷签订了中俄《北京条约》，借此强占了中国大量领土。26 日，奕訢照会英使，申明咸丰愿见各国钦差与否，均可自主，断无勉强之理。此后，奕訢又将此意照会法使。英、法公使表示对此均无异议。这样，亲递国书问题方得以解决。

在第二次鸦片战争整个过程中，咸丰始终缺乏决战的勇气和周密的部署，一味徘徊于战和两端。紧要关头，他却在圆明园庆祝三十寿辰，在正大光明殿接受百官朝贺，并在同乐园连演 4 天庆寿大戏。在兵临城下的危急时刻，咸丰也没有身守社稷，全力守卫京师，而是逃之夭夭，还美其名曰“巡狩”。咸丰弃祖宗社稷、黎民百姓于不顾，只顾自己逃命，造成都城无主，百官皆散，军队丧失斗志，百姓极度恐惧的危机局面，从根本上动摇了对入侵者的继续抵抗，造成了后期的更加被动，致使清政府以极为惨重的代价与英、法等国达成和约。丧权辱国的不平等条约使中国的半殖民地程度进一步加深，使中国人民的灾难更为深重。议和后，咸丰仍然躲在避暑山庄，不敢回京。在遥远的塞外，他肆无忌惮地以女色、丝竹和美酒来麻醉自己。避暑山庄的烟波致爽殿，几乎每天都有戏班承应，有时安排花唱，中午还要有清唱，甚至他还在“如意洲”的水上戏台凭水看戏，真是别具情趣。清末名士薛福成记载：“和议即成，即召京师升平署人员，到热河行在唱戏。”咸丰已经乐不思蜀了，他从一个皇家园林逃向另一个皇家园林，王朝的黄粱美梦和圆明园神仙般的世界一同化成了灰烬，他所酷爱的圆明园也彻底地变成了“失乐园”。而伴随着万园之园的毁灭，圆明园的主人——咸丰的生命也走到了尽头，1861 年 8 月 22 日，他病逝于避暑山庄。

二、圆明沧桑

（一）1900 年前的遗址

圆明园被英法联军劫掠并野蛮焚毁，在这一破坏中，最主要的是掠夺无数珍宝与焚毁绝大多数建筑。但三园内还残存有少量建筑，如蓬岛瑶台、廓然大公、濂溪乐处、海岳开襟，绮春园宫门、正觉寺等。长春园西洋楼虽被焚烧，但主体结构尚存。作为园林地貌基础的山形水系仍保留完好。植被虽被破坏严重，却依稀可见之前面目，此时的圆明园仍是皇家禁园，依旧设有总管等官员，清政府对它的管理没有实质放松。1873 年，清廷曾试图重修部分圆明园，但终因财力不足等原因而停修。这次重修工程计划修筑三千余间房屋，因需要大量木料，反而拆除了部分幸存的建筑，如安澜园的藏舟坞等。此外，重修过程中的一些新规划或改建做法等也破坏了原有的园林格局及部分建筑基址。光绪时期，清廷曾陆续对圆明园双鹤斋、课农轩等景观进行过局部重修，慈禧太后和光绪亦曾多次从颐和园来圆明园游赏。

纵观 1860—1900 年四十年间的遗址，尽管花木、山水、叠石、道路、桥梁及部分建筑和建筑小品均大体上完整如故，但绝大部分建筑已不复存在，三园内残垣断壁密布，到处野草野花，触目皆是一派“荒烟蔓草映寒流”的悲凉景象。山水花树的明丽与残毁建筑的凄凉之间形成强烈而鲜明的对比，作为皇家园林之主体的“山水”基础还没有动摇。当时的残破景象，一方面暴露着破坏者的残暴，另一方面透露着这一园林的优美动人，直观地、集中地展示了“美”与“美的毁灭”两种并存的状态。

（二）20世纪初的遗址

1900年，八国联军攻入北京城，慈禧太后挟光绪仓皇西逃。侵略军在北京烧杀掳掠，京城内外秩序大乱。战乱中，土匪、兵痞等趁火打劫，蜂拥来到圆明园，推倒残存建筑、拆运木料砖瓦、砍伐古树名木。历时数月，圆明园原幸存及经同治、光绪两朝修缮、重建的数百间园林建筑遭彻底毁灭，大小树木被砍伐殆尽。

经过这次大规模破坏，圆明园除断垣残壁、巨石杂草和荒山剩水之外，幸存者仅有绮春园宫门、朝房、福园门、运料门门楼及正觉寺几座屋宇。园内已是麦垄相望，如同田野了。

（三）民国时期的遗址

光绪末年，清廷裁汰了圆明园一部分官员和太监，园内的稻田、苇塘租给园户们耕作，皇室每年收取租金。1912 年，末代皇帝溥仪逊位，根据民国政府给予清室的优待条件，圆明园仍属皇室私产，溥仪小朝廷内务府所属的圆明园郎中、圆明园档房、圆明园司房总管太监，以及圆明园房地租办事处等负责管护圆明园遗址。1914 年，溥仪命裁减内务府官员，圆明园初次并入颐和园管理，圆明园总管太监及天地一家春、福园门、课农轩、紫碧山房、长春园、绮春园等处首领太监依旧带领园户看守。但此时已无守园护军，只能依靠北洋政府步军统领衙门和中营副将的庇护。期间，管理人员不断地向溥仪内务府奏报园内遗物被攫取的事件，溥仪内务府也曾多次致函步军统领衙门等部门，请求予以制止。然而，这丝毫阻挡不了残存遗物遭到巧取豪夺或有组织地损毁，且长达数年之久，有人形象地称这次对园内石质类残余的转移与破坏为“石劫”。

京畿卫戍总司令王怀庆从 1919 年起拆毁圆明园内外围墙和石材，并令中营副将鲍维翰亲自督办，历时三载，在圆明园福园门外修建成私人花园——达园。由此，北洋政府大小衙门有权势者、驻军、洋人等都蜂拥而至，盗运园内遗物的车辆络绎不绝。步军统领聂宪藩本负保护遗址之责，他却近水楼台，由中营副将协助从长春园拉走太湖石 352 车，以供私用。京师宪兵司令车庆云、政府要员王兰亭等人也都经过聂宪藩应允从园内运走大批石料修建私人宅园。大军阀曹锟担任巡阅使期间，为修其保定巡阅使署等处花园，从文源阁拉走大量太湖石，经由火车运往保定，王怀庆、鲍维翰还亲自安排武装人员负责押运保护。

1922 年，时任北京地方长官“京兆尹”的刘梦庚着人致函溥仪内务府，声称“借用”圆明园“少许”废弃山石。内务府立即报告醇亲王载沣，载沣以“该园太湖石应加意保护，碍难拨借”为由，未加同意，但刘梦庚仍派人强行运走大量石料。溥仪内务府无奈之下求助于王怀庆，亦于事无补，刘梦庚最终从圆明园强夺太湖石 623 车、云片石 104 车。驻守海淀西苑的陆军十三师、十六师和边防军炮兵营，在 1919 年至 1922 年间，多次派人强行拆毁圆明园西大墙、北大墙和舍卫城的城砖及园内山石，拉运砖石出售，管理人员劝阻反遭辱骂殴打，经溥仪内务府致函步军统领衙门查禁仍然如故。

1925 年，美国教会学校燕京大学修建校舍，擅自起运安佑宫巨型华表和石麒麟等石构件，经北郊警察分署署长现场劝阻也无济于事。一些公共机构如颐和园、中山公园、文津街北平图书馆等，也纷纷从圆明园运走大批石刻、太湖石和云片石等。在这场旷日持久、巧取豪夺的“石劫”之中，除西洋楼遗址外，其余圆明三园遗址上残存的碑碣、石坊、石雕、石刻以及其他石料几乎被抢运殆尽。当时的破坏虽只能集中于仅存的石雕、石刻、太湖石、石料、砖瓦等，但也有拆毁个别残存建筑的情况，如香山慈幼院1927年拟建香山中学，低价购得绮春园新宫门一组幸存建筑，拆运木料砖石，砍伐古树，该宫门区遂被夷为平地。

1928年，北洋政府垮台，同年8月，北平特别市政府成立颐和园事务所，圆明园遗址归其代管；10月，成立了清理圆明园园产事务所；次年4月，圆明园事务所被裁撤，重新归并颐和园事务所管理。这期间，圆明园遗址又遭到了更加有组织的损毁。为了修筑高梁桥经海淀至玉泉山的公路，北平特别市政府先后下令拆毁了圆明三园4800米南墙和长春园东侧的全部虎皮石墙，砸成碎石以作石碴之用。政府当局同意将园内所谓“废旧砖石”变价批卖，大宫门外的影壁被招商投标卖掉，西洋楼部分石构件被卖给商人修建绥远省阵亡将士碑。当局还明文规定：圆明园内所有虎皮石均可出售，西洋楼故址之大理石、青条石，凡“雕花粗镂”者亦可出售。1934年，国民政府行政院指令将圆明园遗址拨给清华大学办“农事试验场”，后因卢沟桥事变而未大规模实施。日伪时期，伪市公署专门设置了砖石收集处，附近贫民因饥寒所迫，时往圆明园窃取砖石，此举给遗址带来了更为严重的挖掘和盗取。

民国时期，圆明园石料主要流散在北京地区，如颐和园、中

▲ 单孔残桥今貌

▲ 全国重点文物保护单位立碑

山公园、燕京大学、北京图书馆等。京外地方，如保定、苏州等也散落有不少圆明园石料。这一时期，遗址上的居民除原有的八旗园户外，自 1917 年前后开始陆续有汉民入园居住和种植。对遗址而言，这也是一个相当严重的破坏因素。

经过入侵者的“洗劫”“火劫”，以及其后的沧桑变迁，遗址只剩断壁残垣和凄迷荒草，一代名园沦为一片废墟。圆明园彻底荒废了，只有它零落的残迹在接受着人们的凭吊，呼唤着历史的反思。纵观圆明园一百多年的衰落史，可以看出，圆明园沦为废墟是一个渐进的过程，主要包括 1860 年英法联军对圆明园内不计其数的珍宝的掠夺和对园林建筑的焚毁；1900 年八国联军侵入北京的战乱所造成的对园内残存建筑和古树名木的大规模破坏；清末和民国时期军阀、奸商等对园内残存石构件的掠夺与破坏；“文革”时期对园内山形水系的严重破坏。这五次大规模的破坏也被一些研究者形象地称为“洗劫”“火劫”“木劫”“石劫”“土劫”。在这五次破坏中，英法联军洗劫园内无数珍宝，焚毁园内绝大多数建筑，无疑是最野蛮、破坏性最大的，他们摧毁中华文化结晶，肆意践踏人类文明成果的罪行将永远地被钉在历史的耻辱柱上。

三、圆明新生

1949年新中国成立以来，党和政府一直十分重视圆明园遗址的保护与建设事业，尤其重视发挥其爱国主义教育功能，实现其政治文化价值。特别是新中国初期，周恩来总理曾三次力保圆明园。1951年，周总理即叮嘱北京市都市计划委员会副主任梁思成："圆明园要保留，地不要拨用了。帝国主义把它烧毁，以后有条件，我们还可以做些恢复。"1953年，周总理又及时否定了中央党校拟在圆明园选址建房的方案，并对主持党校日常工作的副校长杨献珍说："圆明园这地方，总有一天会整理出来供国人参观的。国耻勿忘，圆明园遗址是侵略者给我们留下的课堂。"经过党和政府、社会各界、专家学者，以及一代代圆明园人70年来的不懈努力，圆明园旧貌变新颜，爱国主义教育、文物遗址保护、园林建设和文化传播均取得伟大成就。可以说，圆明园遗址是中国众多文化大遗址中，原址保护、历史文脉得以不间断延续的典范。圆明新生，成为共和国发展进步的生动缩影和有力见证。

圆明园是有形的，也是文化的；是中国的，也是世界的；是历史的，也是现实的，同样也是可面向未来、传之久远的。随着时间的演进，圆明园所蕴含的文化魅力、历史张力、时代价值，以及因之而触发的人文思辨，将会更受瞩目。青山遮不住，毕竟东流去，圆明园可以被无情毁灭，也必然会被历史深刻铭记。或许，我们可以说——圆明不朽。

图书在版编目（CIP）数据
圆明园 / 张超著．—北京：中国工人出版社，2019.5
ISBN 978-7-5008-7179-8
Ⅰ．①圆… Ⅱ．①张… Ⅲ．①圆明园－介绍 Ⅳ．①K928.73
中国版本图书馆 CIP 数据核字（2019）第 084406 号

圆明园

出 版 人　王娇萍
责任编辑　葛忠雨
责任印制　黄　丽
出版发行　中国工人出版社
地　　址　北京市东城区鼓楼外大街 45 号　邮编：100120
网　　址　http://www.wp-china.com
电　　话　（010）62005043（总编室）（010）62005039（印制管理中心）
　　　　　（010）62379038（社科文艺分社）
发行热线　（010）62005049　（010）62005042（传真）
经　　销　各地书店
印　　刷　三河市万龙印装有限公司
开　　本　880 毫米 ×1230 毫米　1/32
印　　张　10.5
字　　数　220 千字
版　　次　2019 年 7 月第 1 版　2024 年 11 月第 5 次印刷
定　　价　88.00 元

“最美中国园林和建筑”丛书 “一宫两园”交相辉映